新 統一地方公会計基準

解説と財務書類活用の20ケース

青山学院大学名誉教授
一般社団法人 青山公会計公監査研究機構理事長

鈴木 豊 編著

税務経理協会

はじめに

　本書は長らく待望されていた地方公共団体の財務書類作成基準の統一基準である，平成27年1月23日の総務大臣通知によって示された「地方公会計マニュアル」の全解説版であります。内容は，マニュアルに沿って重要なポイントを網羅して解説してあります。

　第1章は地方公会計改革の経緯と概要，第2章は「財務書類作成要領」に基づいて，共通的な基本事項と財務書類の作成手順，資金仕訳と非資金仕訳，これらによる貸借対照表，行政コスト計算書，純資産変動計算書及び資金収支計算書の作成基準と諸様式の解説，第3章は資産評価及び固定資産台帳作成の基準，諸様式の解説，第4章は連結財務書類の作成基準と作成手順の解説，第5章は財務書類作成にあたっての基礎知識を単式簿記・現金主義から複式簿記・発生主義への転換に即して解説しています。最後に第6章は財務書類活用のための観点と活用の具体例をケーススタディで解説します。ケーススタディは先行地方公共団体の複式簿記・発生主義に基づいた財務書類や会計情報による活用例，財務書類の作成演習，セグメント別財務書類による財務分析等25のケース（活用事例）によりわかりやすく解説しています。

　各地方公共団体，公営企業，第三セクター等20,000弱の団体・組織は，平成30年3月までには，統一的な財務書類を作成しなければならず，現在その作成に着手しつつあるところであります。本書によって，各地方公共団体関係者，これを支援する公認会計士，税理士，コンサルタント会社，金融機関等，そして公会計・公監査の研究者・学生の皆さんにとって有用な統一地方公会計基準の解説・ケーススタディ本となるものと思料します。

　なお，本書は，一般社団法人青山公会計公監査研究機構（鈴木豊，林賢是，石井和敏，平光正，山口幸三）のメンバーがそれぞれ分担執筆したものであり，

前出版『業績(行政成果)公監査論』に続く,地方公会計公監査の基本書となるものです。

平成28年2月1日

　　　　　　　　　編著者　一般社団法人青山公会計公監査研究機構

　　　　　　　　　　　　　　　理事長　鈴　木　　豊

目　次

はじめに

第1章　地方公会計改革の経緯と論点 …………………………………… 1
1　地方公会計整備の取組経緯 ……………………………………………… 1
2　新地方公会計基準統一の論点 …………………………………………… 4
3　新地方公会計基準で重視した項目等 …………………………………… 7
4　新地方公会計基準適用のロードマップ ………………………………… 9
5　従来モデルと新統一基準との比較 ……………………………………… 10
6　統一的な基準による地方公会計マニュアル（概要）………………… 13

第2章　財務書類作成要領 …………………………………………………… 15
1　財務書類作成の基本事項 ………………………………………………… 15
　(1)　本作成要領の趣旨 …………………………………………………… 15
　(2)　共通事項 ……………………………………………………………… 17
　(3)　財務書類の相互関係 ………………………………………………… 19
2　一般会計等財務書類の作成手順 ………………………………………… 21
　(1)　帳簿等と作成手順の概要 …………………………………………… 21
　(2)　歳入歳出にかかる資金仕訳及び非資金仕訳について …………… 23
3　一般会計等財務書類の作成（一般会計等内部の相殺消去）………… 29
4　貸借対照表の作り方 ……………………………………………………… 31
　(1)　総則 …………………………………………………………………… 31
　(2)　資産（総則）………………………………………………………… 36
　(3)　固定資産 ……………………………………………………………… 37

1

(3.1) 有形固定資産································37
　　　(3.2) 無形固定資産································42
　　　(3.3) 投資その他の資産······························43
　　(4) 流動資産····································44
　　(5) 負債（総則）··································46
　　(6) 固定負債····································47
　　(7) 流動負債····································50
　　(8) 純資産·····································51
5　行政コスト計算書の作り方····························52
　　(1) 総則·····································52
　　(2) 経常費用···································56
　　(3) 経常収益···································58
　　(4) 臨時損失・臨時利益······························59
6　純資産変動計算書の作り方····························61
　　(1) 総則·····································61
　　(2) 純行政コスト·································64
　　(3) 財源·····································64
　　(4) 固定資産等の変動（内部変動）························66
　　(5) その他の項目·································68
7　資金収支計算書の作り方·····························68
　　(1) 総則·····································68
　　(2) 業務活動収支·································73
　　(3) 投資活動収支·································74
　　(4) 財務活動収支·································76
8　注記の作り方································77
　　(1) 注記—重要な会計方針等···························77
　　(2) 注記—追加情報································78

目　次

第3章　資産評価及び固定資産台帳整備の手引き……………83
1　固定資産台帳の整備目的……………………………………83
2　固定資産台帳の記載項目……………………………………87
3　固定資産台帳の記載対象範囲………………………………91
　（1）総則…………………………………………………………91
　（2）建設仮勘定・リース資産…………………………………94
4　固定資産台帳の記載単位……………………………………98
　（1）総則…………………………………………………………98
　（2）付随費用……………………………………………………100
5　減価償却・耐用年数等………………………………………102
6　資産の評価基準・評価方法…………………………………106
　（1）有形固定資産………………………………………………106
　（2）無形固定資産………………………………………………109
　（3）開始時における取得原価が不明な有形固定資産の具体的な評価方法……111
　　（3.1）総則……………………………………………………111
　　（3.2）土地……………………………………………………112
　　（3.3）建物・工作物・物品等………………………………119
　　（3.4）投資及び出資金（有価証券・出資金）……………123
　　（3.5）その他の資産等………………………………………126
　　（3.6）固定資産台帳の既整備団体の取扱い………………128
7　固定資産台帳の整備手順……………………………………128

第4章　連結財務書類の作成手順……………………………133
1　連結財務書類の作成目的……………………………………133
2　連結財務書類の対象範囲と連結の方法……………………134
3　連結対象団体（会計）ごとの連結の方法…………………136
　（1）都道府県・市町村…………………………………………136
　（2）一部事務組合・広域連合…………………………………136

（3）地方独立行政法人・地方三公社・第三セクター等 137
　　（4）共同設立等の地方独立行政法人・地方三公社 139
　4　連結決算日 140
　5　連結財務書類の体系 140
　　（1）体系及び様式 140
　　（2）各財務書類作成上の留意点 148
　　（3）注記 149
　6　連結財務書類の作成手順 151

第5章　財務書類作成にあたっての基礎知識 155
　1　単式簿記と複式簿記 155
　2　現金主義会計と発生主義会計 155
　3　地方公共団体の会計（官庁会計）と民間企業（株式会社）の会計 ... 156
　4　統一的な基準による財務書類の概要 157
　5　統一的な基準による財務書類作成の流れ 159

第6章　財務書類等の活用想定事例集 161
　1　財務書類活用の視点 161
　2　具体的な活用ケース 162
【活用ケース　1】財政指標の設定（資産老朽化比率） 162
【活用ケース　2】財政指標の設定（将来世代負担比率等） 165
【活用ケース　3】適切な資産管理（将来の施設更新必要額の推計） 168
【活用ケース　4】適切な資産管理（未収債権の徴収体制の強化） 169
【活用ケース　5】セグメント分析（予算編成への活用） 171
【活用ケース　6】セグメント分析（施設の統廃合） 172
【活用ケース　7】セグメント分析（受益者負担の適正化） 173
【活用ケース　8】セグメント分析（行政評価との連携・予算編成への活用） 173
【活用ケース　9】セグメント分析（人件費等の按分基準の設定） 174

目　次

【活用ケース10】情報開示（地方議会での活用）……………………………179
【活用ケース11】情報開示（地方債IRへの活用）……………………………180
【活用ケース12】情報開示（PPP／PFIの提案募集）………………………182
【活用ケース13】財務書類4表の読み方…………………………………………182
【活用ケース14】貸借対照表分析（資産形成度・世代間公平性など）……………189
【活用ケース15】公営住宅事業の財務書類と分析………………………………193
【活用ケース16】道路部門の財務書類と分析……………………………………202
【活用ケース17】砥部町の普通会計，町全体，連結財務書類の比較分析………209
【活用ケース18】宇城市の普通会計，市全体，連結財務書類の比較分析………212
【活用ケース19】統一的な基準による仕訳・財務書類作成事例………………215
【活用ケース20】財務書類作成・活用の基礎演習………………………………221

　索　引……………………………………………………………………………227

第1章　地方公会計改革の経緯と論点

1　地方公会計整備の取組経緯

　地方公会計の制度における改革の兆候の具体的な動きは，平成12年以前の先行地方公共団体による貸借対照表（バランスシート）作成の動きでした。そこで，自治省後の総務省による平成12年3月，平成13年3月のバランスシート作成と行政コスト計算書作成のための研究会報告書が公表され，各地方公共団体に拡がっていきました。

　そこで，こうした公会計実務の展開とともに統一的な公会計モデルの必要性が求められるようになりましたが，公会計理論・基準の統一には至らず，平成18年に「基準モデル」及び「総務省方式改訂モデル」による財務書類の作成手順が示されました。

　しかし，地方公共団体においては独自の地方公会計基準を設定して財務書類を作成することも併存的に行われ，この間，平成21年1月の「資産評価実務手引」，「連結財務書類作成手引」が提示されました。

　しかし，資産・債務改革や公共資産管理改革の推進のためには，全国統一の財務書類の作成が急務となり，平成22年9月に「今後の新地方公会計の推進に関する研究会」を立ち上げ，平成27年1月の統一的な基準による「地方公会計マニュアル」が公表されました（これまでの詳細な経緯等は【図表1-1】参照）。

【図表1-1】　地方及び国における公会計改革の取組状況

年	月	地方及び国の取組状況
平成12年	3月	地方公共団体の総合的な財政分析に関する調査研究会報告書
平成13年	3月	地方公共団体の総合的な財政分析に関する研究会報告書―「行政コスト計算書」と「各地方公共団体全体のバランスシート」―

平成16年	6月	（国）「省庁別財務書類の作成基準」（財政制度等審議会）
平成17年	12月	（国）行政改革の重要方針（平成17年12月24日閣議決定）⇒地方においても、国と同様に資産・債務改革に積極的に取り組むよう要請
平成18年	5月	新地方公会計制度研究会報告書⇒基準モデル及び総務省方式改訂モデルによる財務4表の作成手順の提示
		（国）「公会計整備の一層の推進に向けて～中間取りまとめ～」（財政制度等審議会）
	6月	・（国）行政改革推進法施行（平成18年法律第47号） ・地方に資産・債務改革を要請、国は企業会計の慣行を参考とした貸借対照表など地方に対して財務書類の整備に関して助言することを規定
		「新地方公会計制度実務研究会」発足⇒「新地方公会計制度研究会報告書」を踏まえ、実証的検証及び資産評価方法の諸課題について検討
	7月	（国）経済財政運営と構造改革に関する基本方針2006（平成18年7月7日閣議決定）⇒国と同様、資産圧縮を進めるなどの資産・債務改革の推進及び国の財務書類に準拠した公会計モデルの導入に向け、計画的に整備を進めるよう要請
	8月	「地方公共団体における行政改革の更なる推進のための指針」（総務事務次官通知）⇒新地方公会計モデルを活用した財務書類の整備、資産・債務改革に関する具体的な施策の策定を要請
平成19年		「地方公共団体財政健全化法」の成立
	6月	（国）経済財政改革の基本方針2007（平成19年6月19日閣議決定）⇒地方公共団体は、地方公社、第三セクターを含む資産・債務改革について、国の取組を踏まえつつ目標を明確にし、改革を推進すること
	10月	「公会計の整備推進について」（自治財政局長通知）⇒新地方公会計モデルを活用した財務書類の整備、資産・債務改革に関する具体的な施策の策定を改めて要請するとともに「財務書類の分かりやすい公表に当たって留意すべき事項」を提示
		新地方公会計制度実務研究会報告書⇒「基準モデル」及び「総務省方式改訂モデル」による財務諸表の整備が中小規模団体も円滑に進むよう、作成上の課題に対する解決方策の検討や連結財務諸表作成のより詳細な手順などを検討

第 1 章　地方公会計改革の経緯と論点

平成 20 年	6 月	「地方公会計の整備促進に関するワーキンググループ」発足⇒「新地方公会計制度研究会報告書」で示されたモデルの実証的検証及び資産評価方法等の諸課題について検討したうえで，財務書類の作成や資産評価に関する実務的な指針を公表
		(国) 経済財政改革の基本方針 2008（平成 20 年 6 月 27 日閣議決定）⇒「基本方針 2006」，「基本方針 2007」に沿って資産債務改革等を実行
平成 21 年	1 月	「新地方公会計モデルにおける資産評価実務手引」の提供⇒新地方公会計モデルにおける資産評価の基本原則に関する解説や評価方法の事例などを踏まえて取りまとめたものを提供
	2 月	総務省方式改訂モデル向け「作業用ワークシート」の提供⇒有形固定資産の算定に必要な「決算統計・普通建設費」の積上を LG-WAN 決算統計データを用い，積上作業が効率よく行えるよう，Excel 形式の作業用ワークシートと手順書を提供
	4 月	「新地方公会計モデルにおける連結財務書類作成手引」の提供⇒連結対象団体と連結するにあたっての考え方や組替え，連結修正，相殺消去などの実務的な処理手順をとりまとめたものを提供
平成 22 年	3 月	「地方公共団体における財務書類の活用と公表について」の提供⇒分析方法や内部管理への活用方法について，先進団体の事例も用いながら財務書類作成後の活用と公表のあり方についてとりまとめたものを提供
	9 月	「今後の新地方公会計の推進に関する研究会（総務省）」第 1 回開始
平成 26 年	4 月	「今後の新地方公会計の推進に関する研究会報告書」公表
	5 月	「今後の地方公会計の整備促進について（総務大臣通知）」「今後の新地方公会計の推進に関する実務研究会（総務省）」第 1 回開始
平成 27 年	1 月	「統一的な基準による地方公会計の整備促進について（総務大臣通知）」「統一的な基準による地方公会計マニュアル」公表

＊総務省「今後の新地方公会計の推進に関する研究会（第 1 回）資料 2（p3〜5）」を筆者（鈴木・林）が加工。

2 新地方公会計基準統一の論点

　平成18年の「新地方公会計制度研究会」報告書にもとづく財務書類の「基準モデル」と「総務省方式改訂モデル」の作成実務を，更に精緻化し統一化するために，平成22年9月に，地方公共団体における財務書類の作成についての検証を行うとともに，国際公会計基準（IPSAS）及び国の公会計等の動向を踏まえた新地方公会計の推進方策等を検討するため，総務省に「今後の新地方公会計の推進に関する研究会」（以下「研究会」という。）が設置されました。

　同研究会の下に，他基準の考え方を取り入れられるものは取り入れ，従来からの各地方公共団体の財務書類作成との継続性と全地方公共団体の実施可能性を推量しつつ，さらなる基準のとりまとめに向けて地方公共団体の実態や実務上の課題等を踏まえて検討を行うため，「地方公共団体における財務書類の作成基準に関する作業部会」と，「地方公共団体における固定資産台帳の整備等に関する作業部会」の二つの部会が設置され，検討が行われました。そして，特に会計処理手続の実務簡便性と両モデルの考え方や財務書類の表示上の継続性という観点も重視した検討を行い，各々部会報告書としてとりまとめられました。

　新地方公会計の推進に関する研究会報告書は，両部会報告書を踏まえて作成されたものであり【図表1-2】，検討事項のうち，さらに実務的な検証が必要なものについては，詳細かつ実務的な検討を踏まえて，「今後の新地方公会計の推進に関する実務研究会」を設置し，要領等の作成を行いました。

　報告書における基本的方針は，地方公会計基準の標準的統一化であり，その中心的要点は，①発生主義と②複式簿記の導入，③従来の財源表示から簡便な純資産変動の開示，④各地方公共団体における統一的な実施可能性に基づく資産の取得原価評価，⑤開始B/Sの作成方法と固定資産台帳の作成様式，⑥予算決算制度による財政統制を踏襲した出納整理期間取引の認識等です。ここでの目標は，地方公会計は，発生主義により，ストック情報やフロー情報を総体

第 1 章 地方公会計改革の経緯と論点

【図表1-2】 今後の新地方公会計の推進に関する研究会報告書概要等

財務書類の整備

(1) 財務書類の体系
○ 貸借対照表、行政コスト計算書、純資産変動計算書、資金収支計算書

(2) 財務書類の内容
○ 貸借対照表：有形固定資産の評価基準
  ・取得原価が判明→取得原価
  ・取得原価が不明→再調達原価
  ・販売用資産（棚卸資産）→低価法 等
※ 有形固定資産の評価基準等の詳細については、引き続き、マニュアル作成の段階で調整する部分もある。

固定資産台帳の整備

(2) 意義・目的
① 各地方公共団体の財政状況を表す財務書類の作成に必要な情報を備えた補助簿として固定資産台帳を整備する。
② 固定資産台帳は公共施設等のマネジメントにも活用可能となる。

(2) 具体的な手法
○ 庁内の体制整備を行った後、整備期間は1～2年間を目安とし、①資産の棚卸、②データの作成、③開始時簿価の算定、④固定資産台帳の作成という流れを基本とする。

複式簿記の導入

(1) 意義・目的
① 各地方公共団体の財務情報について、一覧性を備えた情報開示を行うことが可能となる。
② 貸借対照表と固定資産台帳を相互に照合することで検証が可能となり、より正確な財務書類の作成に寄与する。
③ 事業別・施設別等のより細かな単位でフルコスト情報での分析が可能となることで、地方公共団体のマネジメントに資する。

(2) 具体的な手法
○ 日々仕訳を行う方法が望ましいものの、事務負担や経費負担等を勘案し、(1)の②が満たされ、③にも資するものであれば、期末に一括して仕訳を生成する方法も差し支えない。

今後の主な課題と方向性

活用の充実	行政評価や予算編成等への活用の充実が必要 → 具体的な活用事例等に関する資料を作成して財務書類等の活用を促進
人材の育成	会計処理体制の充実・強化を図るための人材育成が必要 → 統一的な基準による財務書類等の作成に関する各種研修会を開催
システムの整備	統一的な基準の導入に当たってシステムの整備等が必要 → ICTを活用した標準的なシステムを開発し、提供

出典：総務省「今後の新地方公会計の推進に関する研究会報告書（概要）」平成26年4月

的・一覧的に把握することにより，現金主義会計による予算・決算制度を補完するものとして整備するものです。また個々の地方公共団体における地方公会計整備の意義としては，住民や議会等に対し，財務情報をわかりやすく開示することによるパブリックアカウンタビリティの履行と，資産・債務管理や予算編成，行政評価等に有効に活用することで，マネジメントを強化し，財政の効率化・適正化を図ることが挙げられています。

このような地方公会計の整備促進を図るためには，すべての地方公共団体において適用できる標準的な基準を示すことが必要であるとして，資産評価の基準や様式など財務書類の作成の基本となる部分について，統一的な取扱いとして整理しています。ここでは，一般会計等に地方公営事業会計を加えた全体財

務書類，全体財務書類に地方公共団体の関連団体を加えた連結財務書類を合わせて作成します。なお，全体財務書類と連結財務書類の具体的な取扱いについては，要領等において整理することとされています。すなわち，当該地方公共団体の全体の業績は，連結財務書類の作成によらなければならないとする考え方は企業会計と同様です。

　地方公共団体において財務書類を作成する目的は，経済的または政治的意思決定を行う情報利用者に対し，意思決定に有用な情報をわかりやすく開示することによる説明責任の履行と，資産・債務管理や予算編成，業績評価等に有効に活用することで，マネジメントを強化し，財政の効率化・適正化を図ることにあります。具体的には，地方公共団体の①「財政状態」，②「発生主義による一会計期間における費用・収益」，③旧モデルにおける財源計算と表示を極力簡便化した「純資産の変動」及び④「資金収支の状態」に関する情報の開示を意味します。すなわち，ここでは特徴的に純資産の変動情報を重視しています。また，現金主義によるストック情報の不足，フルコスト情報の必要性，固定資産管理情報の完備，総資金収支の効率性の把握を目指している意味合いをもっています。

　財務書類の体系については，住民をはじめとする情報利用者が経済的または政治的意思決定を行うにあたり，有用な情報を提供するという観点から整理する必要があります。財務書類の体系については，貸借対照表，資金収支計算書，行政コスト計算書及び純資産変動計算書からなり，様式については第2章以下で詳細に説明します。なお，行政コスト計算書及び純資産変動計算書については，先行地方公共団体における財務書類の活用例を踏まえて，行政コスト及び純資産変動計算書を結合した計算書としても差し支えないものとされました。

　財務書類の作成基準日は，会計年度末（3月31日）となります。ただし，出納整理期間中の現金の受払い等を終了した後の計数をもって会計年度末の計数とするものとします。このように，財務書類は，出納整理期間を存続した補完的性質をもつものと考えます。なお，出納整理期間中の取引は次期の取引とすべき有力な考え方もありますが，地方公共団体の会計の継続性と，出納整理

期間制度の廃止には何よりも財政関係法の改正と地方公共団体利害関係者の理解が必要であること，実際の会計取引が圧倒的に期中（3月31日までの）取引の比率が高いことなどから，現行の財政処理を許容することとなったものです。

3 新地方公会計基準で重視した項目等

公会計理論上から識別すべき，かつ今後の検討すべき論点として特に新基準で重視した項目とその趣旨は，下記のとおりです。

① 標準的統一化，優位性，わかりやすい開示

基準は常時修正改訂されていくものであり，現時点での他会計基準の動向も踏まえ，最も優位性の高いかつ一般住民にわかりやすい開示を目指しています。

② 資産評価

地方公会計で最も重要性の高い基準が固定資産の評価であり，これは行政成果の測定に関係するものであることから，実施可能性と客観性の最も高い取得原価とされました。

③ 財務書類の様式

開示すべき財務書類の体系は，貸借対照表，行政コスト計算書，純資産変動計算書，資金収支計算書であり，4表方式または3表形式が設定されました。

④ 税財源の配分・税収

財務書類作成の目的は，税収の税財源の配分過程を明示すべきとされ，世代間の公平性の指標ともなるのであることから，税収は，従来通りの純資産変動計算書に掲記されます。

⑤ 決算統計情報

従来の改訂モデルの基礎となる決算統計情報は，原則として使用しないこととされ，各取引の識別を基本とします。

⑥ 報告主体

地方公共団体・一部事務組合・広域連合・地方独立行政法人・地方三公社・

第三セクター等を包含します。

⑦　すべての経済資源・資産負債アプローチ・予算規律

　地方公会計の対象となる財務書類上の構成要素は，地方公共団体のすべての経済資源であり，資産負債アプローチをとります。

⑧　実質優先主義・信頼性

財務書類の質的要件は，理解可能性から始まるが，実務上の処理においては，信頼性との関連で実質・実態を優先すべきとされます。

⑨　純資産と変動・世代間の資源配分

　地方公共団体に求められる財務業績は，財政状態・費用収益・資金収支と世代間の資源配分を示す純資産の変動です。

⑩　純行政コスト

　地方公会計で求められる財務業績は，経常費用・経常収益・臨時損失・臨時利益から算出される純行政コストが，税財源で賄われたかどうかを示します。

⑪　出納整理期間

　財政的手法である出納整理期間については，これを前提とした地方公会計であり，出納整理期間中の現金の受払い等の終了した後の計数とされました。

⑫　固定資産等形成分・余剰分（不足分）・財源情報・支出フローの財源情報

　従来のモデルによる詳細な財源情報は廃止し，固定資産等の変動のみを開示し，明細表でフローの財源情報を開示することとなりました。

⑬　特定の時期（昭和59年度以前）・備忘価額1円

　有形固定資産等の評価基準は，原則，取得原価としますが，不明のものは再調達原価であり，道路等の土地は，地方債の償還期間の30年を援用して昭和59年度以前は，備忘価額1円に統一されました。

⑭　各種の引当金の設定

　投資損失引当金・徴収不能引当金・退職手当引当金・損失補償等引当金・貸倒引当金・賞与引当金の設定が必要とされました。

⑮　性質別行政コスト・セグメント（行政目的別行政コスト）

従来の行政目的別行政コストの開示は，財務書類本表では行わず，明細表で行うこととされました。

⑯　業務活動収支

資金収支計算書は，資金の獲得と利用を示すもので，業務活動・投資活動・財務活動の三区分とされました。

⑰　連結財務書類作成のための読み替え規定の制定

連結対象団体，対象会計，特定関連会社，全部・比例連結，他団体出資分，法定決算書類の読み替えに取扱要領が規定されました。

⑱　整備済・整備中の台帳の取扱い

既に台帳が整備済又は整備中で，基準モデル等に基づいて評価されている場合は引き続き活用が許容されます。

⑲　システム提供

統一的な基準による地方公会計の整備に係る標準的なソフトウエアを，平成27年度に総務省より無償で提供される予定です。

⑳　モデル変更点，基準モデル，改訂モデル

報告主体，財務書類の体系，貸借対照表項目等の主な変更点に注目しておく必要があります。

4　新地方公会計基準適用のロードマップ

新地方公会計基準適用のロードマップは，【図表1-3】のとおりであり，同時に地方公営企業会計基準の適用もほぼ同時期に進行するものと思われます。地方公共団体のパブリックアカウンタビリティを遂行するために前述した諸課題をのりこえて，基準の統一性とこれによる比較可能性の向上そしてこれらを推進する全地方公共団体における公会計発展の実施可能性を，要領・マニュアル・Q&AやQ&A や財務書類等の活用の手引を整備しつつ，実現してゆくことが望まれています。

統一的な地方公会計基準により，利用者に有用な財務書類が開示される場合

【図表1-3】 今後の地方公会計の整備促進について

地方公共団体における財務書類等の作成に係る統一的な基準を設定することで、①発生主義・複式簿記の導入、②固定資産台帳の整備、③比較可能性の確保を促進する。

	現　状		今　後
①発生主義・複式簿記の導入	総務省方式改訂モデルでは決算統計データを活用して財務書類を作成	統一的な基準の設定	発生の都度又は期末一括で複式仕訳（決算統計データの活用からの脱却）
②ICTを活用した固定資産台帳の整備	総務省方式改訂モデルでは固定資産台帳の整備が必ずしも前提とされていない		固定資産台帳の整備を前提とすることで公共施設等のマネジメントにも活用可能
③比較可能性の確保	基準モデルや総務省方式改訂モデル、その他の方式（東京都方式等）が混在		統一的な基準による財務書類等によって団体間での比較可能性を確保

H26.4.30　　　　H27.1.23　　　　H30.3月末　H32.3月末

今後の新地方公会計の推進に関する研究会 → 統一的な基準の公表 → 統一的な基準の周知／財務書類等のマニュアルの作成 → 地方公共団体に要請 → 統一的な基準による財務書類等の作成（地方公共団体）

※ 移行期間は概ね3年間
　（やむを得ない理由がある場合に限り概ね5年間）

出典：「統一的な基準による地方公会計の整備促進について」（平成27年1月総務大臣通知）参考資料『統一的な基準による地方公会計の整備促進について』より抜粋

には，企業会計の財務諸表監査と同じように財務公監査の実施が要請されることになると考えます。

5　従来モデルと新統一基準との比較

今回の新地方公会計の統一的基準における，基準モデルからの変更点【図表1-4】，総務省方式改訂モデルからの変更点【図表1-5】は，下表のとおりです。

第 1 章　地方公会計改革の経緯と論点

【図表 1-4】　基準モデルからの変更点

項目	主な変更点
報告主体	○一部事務組合及び広域連合も対象に追加
財務書類の体系	○4表と3表の選択制に 　・貸借対照表 　・行政コスト計算書 　・純資産変動計算書 　・資金収支計算書 　※行政コスト計算書及び純資産変動計算書は，別々の計算書としても，結合した計算書としても差し支えないことに
貸借対照表	○報告式から勘定式に ○流動性配列法から固定性配列法に ○金融資産・非金融資産から固定資産・流動資産の区分に ○流動負債・非流動負債から固定負債・流動負債の区分に ○勘定科目の見直し（繰延資産の廃止，投資損失引当金の新設，インフラ資産の内訳や公債の名称変更等） ○純資産の部の内訳について，財源・調達源泉別の資産形成充当財源・その他の純資産の区分から，固定資産等形成分・余剰分（不足分）の区分に簡略化 ○償却資産について，その表示を直接法から間接法に（減価償却累計額の明示）
行政コスト計算書	○経常費用・経常収益の区分に，臨時損失・臨時利益の区分を追加
純資産変動計算書	○内訳の簡略化（固定資産台帳の財源情報が任意に）
資金収支計算書	○業務活動収支・投資活動収支・財務活動収支に区分の名称変更 ○固定資産等形成に係る国県等補助金収入を投資活動に ○支払利息の計上箇所を財務的収支から業務活動収支に
その他の様式	○注記事項，附属明細書の充実
有形固定資産の評価基準	○これまで原則として再調達原価で評価し，事業用資産の土地は再評価を行うこととしていたが，原則として取得原価で評価し，再評価は行わないことに ○基準モデル等により評価している資産については，これまでの評価額を許容するが，新たに取得した資産については取得原価により評価
資産関係の会計処理	○事業用資産とインフラ資産の区分について再整理 ○繰延資産について，勘定科目として計上しないことに
負債関係の会計処理	○連結対象団体及び会計の投資及び出資金は減損方式から投資損失引当金として引当金計上方式に ○貸倒引当金から徴収不能引当金に名称変更 ○賞与等引当金として，法定福利費も含めることに
費用・収益関係	○インフラ資産の減価償却費・直接資本減耗相当は減価償却費として行政コスト計算書に計上することに ○使用の当月または翌月からの償却を可能に
耐用年数	○その取扱いに合理性・客観性があるものについては，耐用年数省令よりも長い期間の耐用年数を設定することも可能に
取替法・減損処理	○その有用性等を検証する観点から，適用している地方公共団体が今後も取扱いを継続することが可能

出典：総務省資料「統一的な基準による地方公会計マニュアル（平成 27 年 1 月 23 日）Q&A」

【図表1-5】 総務省方式改訂モデルからの変更点

項目	主な変更点
報告主体	○一部事務組合及び広域連合も対象に追加
財務書類の体系	○4表と3表の選択制に 　・貸借対照表 　・行政コスト計算書 　・純資産変動計算書 　・資金収支計算書 　※行政コスト計算書及び純資産変動計算書は，別々の計算書としても，結合した計算書としても差し支えないことに ○固定資産台帳の整備と複式簿記の導入が前提
貸借対照表	○公共資産・投資等・流動資産から固定資産・流動資産の区分に ○勘定科目の見直し（有形固定資産について行政目的別（生活インフラ・国土保全，教育等）から性質別（土地，建物等）の表示に変更等） ○純資産の部の内訳について，公共資産等整備国県補助金等・公共資産等整備一般財源等・その他一般財源等・資産評価差額から，固定資産等形成分・余剰分（不足分）の区分に簡略化 ○償却資産について，その表示を直接法から間接法に（減価償却累計額の明示）
行政コスト計算書	○経常行政コスト・経常収益の区分から経常費用・経常収益・臨時損失・臨時利益の区分に ○性質別・目的別分類の表示から性質別分類のみの表示に（目的別分類は附属明細書で表示）
純資産変動計算書	○内訳の簡略化（財源情報の省略）
資金収支計算書	○業務活動収支・投資活動収支・財務活動収支に区分の名称変更 ○区分ごとの支出と財源の対応関係の表示から活動区分別の表示に（地方債発行の例：改訂モデルではその性質に応じた区分に計上していたが，統一的な基準では財務活動収支に計上）
その他の様式	○注記事項，附属明細書の充実
有形固定資産の評価基準	○これまで決算統計データから取得原価を推計（売却可能資産は時価）することとしていたが，原則として取得原価で評価することに
資産関係の会計処理	○有形固定資産等の分類について，有形固定資産・売却可能資産から事業用資産・インフラ資産・物品の区分に（売却可能資産は注記対応）
負債関係の会計処理	○回収不能見込額から徴収不能引当金に名称変更 ○賞与等引当金として，法定福利費も含めることに
費用・収益関係	○使用の当月または翌月からの償却を可能に
耐用年数	○決算統計の区分に応じた耐用年数から，原則として耐用年数省令の種類の区分に基づく耐用年数に変更 ○その取扱いに合理性・客観性があるものについては，耐用年数省令よりも長い期間の耐用年数を設定することも可能に

出典：総務省資料「統一的な基準による地方公会計マニュアル（平成27年1月23日）Q&A」

6 統一的な基準による地方公会計マニュアル（概要）

次章以下で説明する「統一的な基準による地方公会計マニュアル（平成27年1月）」の体系は次のとおりです。

① 財務書類作成要領（第2章，第5章）

統一的な基準による財務書類（貸借対照表，行政コスト計算書，純資産変動計算書，資金収支計算書）の作成手順等の実務的な取扱いを示したものであり，仕訳変換表（現金主義・単式簿記→発生主義・複式簿記）によりシステムの整備と併せることで，複式仕訳の相当部分の自動処理化が可能となります。

② 資産評価及び固定資産台帳整備の手引き（第3章）

統一的な基準による資産の評価方法や固定資産台帳の整備手順等の実務的な取扱いを示したものであり，固定資産台帳は，財務書類作成のための基礎資料であるとともに，将来の施設更新必要額の推計や施設別のコスト分析といった公共施設等のマネジメントにも活用可能となることを示しています。

③ 連結財務書類作成の手引き（第4章）

連結財務書類の対象範囲（一部事務組合，第三セクター等），連結処理に係る手順等の実務的な取扱い（内部取引の相殺消去による純計）等を示したものであり，連結財務書類の作成により，単なる情報開示だけでなく，連結ベースでの資産老朽化比率等の把握といった公共施設等のマネジメントにも活用可能となることを示しています。

④ 財務書類等活用の手引き（第6章）

財務書類等のわかりやすい情報開示だけでなく，事業別・施設別のセグメント分析等による予算編成等への活用方法等を示したものであり，財務書類等の積極的な活用により，地方公共団体の限られた財源を「賢く使うこと」につながります。

第2章　財務書類作成要領

1　財務書類作成の基本事項

(1)　本作成要領の趣旨

1．本作成要領は,「今後の新地方公会計の推進に関する研究会報告書」（平成26年4月30日公表。以下「研究会報告書」といいます。）に記載された統一的な基準（以下「統一的な基準」といいます。）に基づく地方公共団体の財務書類を実務的に作成するための作成要領です。地方公共団体の会計では，予算を議会による民主的統制のもとに置き，予算の適正かつ確実な執行に資する単式簿記・現金主義会計を採用していますが，複式簿記・発生主義会計に基づく財務書類を作成することで，単式簿記・現金主義会計を補完することになります。

2．本作成要領は,「簡素で効率的な政府を実現するための行政改革の推進に関する法律」（略）第62条第2項に基づき,「地方公共団体に対し，(中略)企業会計の慣行を参考とした貸借対照表その他の財務書類の整備に関し必要な情報の提供，助言その他の協力を行う」ことを目的としています。

3．また,「今後の地方公会計の整備促進について」（平成26年5月23日総務大臣通知）において,「今後の新地方公会計の推進に関する研究会」を開催して議論を進めてきましたが，平成26年4月30日に報告書を取りまとめております。この中で，固定資産台帳の整備と複式簿記の導入を前提とした財務書類の作成に関する統一的な基準を示したところです。今後，平成27年1月頃までに具体的なマニュアルを作成した上で，原則として平成27年度から平成29年度までの3年間で全ての地方公共団

体において統一的な基準による財務書類等を作成するよう要請する予定」とされたところですが，本作成要領は，かかる「具体的なマニュアル」の一部を構成するものです。

本章では「財務書類作成要領」の各項目について，基本的かつ重要な点に絞って引用して，その解説を行っています。当該要領自体は総務省のホームページ (http://www.soumu.go.jp/main_sosiki/kenkyu/chikousuijitu/91516.html)「統一的な基準による地方公会計マニュアル」など直接原文を参照していただくことを推奨します。

1 発生主義・複式簿記を導入する意義

発生主義の意義としては，現金主義では見えにくいコスト（減価償却費や退職手当引当金等）の把握が可能となることにあります。また，複式簿記の意義としては，取引を原因と結果という2つの側面から処理することにより，ストック情報とフロー情報の両面の把握が可能となることにあります（研究会報告書293）。

2 統一的な基準による財務書類等の作成に関するスケジュール

第1章でも説明しましたが，「統一的な基準による地方公会計の整備促進について」（平成27年1月23日付総務大臣通知）【図表2-1】で示しているとおり，原則として平成27年度から平成29年度までの3年間で全ての地方公共団体において統一的な基準による財務書類等を作成することとしています。

特に，固定資産台帳が未整備である地方公共団体においては，平成27年度までに同台帳を整備することが望まれます。なお，日々仕訳により財務書類等を作成する地方公共団体においては，システム改修等に一定の期間を要することも想定されますが，そのような場合でも，遅くとも平成29年度決算に係る財務書類等を作成・公表する必要があります（Q&A集 1. 全体3）。

なお，総務省（平成27年7月7日報道資料）は，平成27年3月31日時点

第2章　財務書類作成要領

【図表 2-1】　統一的な基準による財務書類等の作成スケジュール

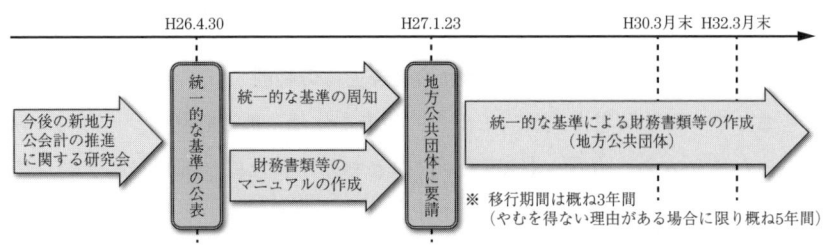

(出典：「統一的な基準による地方公会計の整備促進について」平成27年1月総務大臣通知，別紙2)

での地方公共団体（都道府県，市区町村）における「統一的な基準による財務書類の作成予定」は，1,755団体（全団体の98.2％）が要請期間内の平成29年度までに一般会計等財務書類を作成完了予定となっているという調査結果を公表しました。

(2)　共通事項

6．本作成要領の全般にわたる共通事項は，以下のとおりです。
①統一的な基準が対象とする報告主体は，都道府県，市町村（特別区を含みます。）並びに地方自治法第284条第1項の一部事務組合及び広域連合とします。（以下「地方公共団体」といいます。）
②地方公共団体は，一般会計及び地方公営事業会計以外の特別会計からなる一般会計等（地方公共団体の財政の健全化に関する法律（略）第2条第1号に規定する「一般会計等」に同じ。）を基礎として財務書類を作成します。なお，普通会計との関係を示す観点から，一般会計等と普通会計の対象範囲等の差異に関して注記します。また，公的資金等によって形成された資産の状況，その財源とされた負債・純資産の状況さらには行政サービス提供に要した費用や資金収支の状況等を総合的に明らかにするため，一般会計等に地方公営事業会計を加えた全体財務書類，全体財務書類に地方公共団体の関連団体を加えた連結財務書類をあわせて

作成します。（以下略）

1　統一的な基準による地方公会計の報告主体の範囲

　基準モデルや総務省方式改訂モデルの報告主体は，都道府県及び市町村のみであったことから，今後，【図表2-2】のとおり，新たに一部事務組合及び広域連合についても，報告主体として加わることとなります。

【図表2-2】　財務書類の対象となる団体（会計）

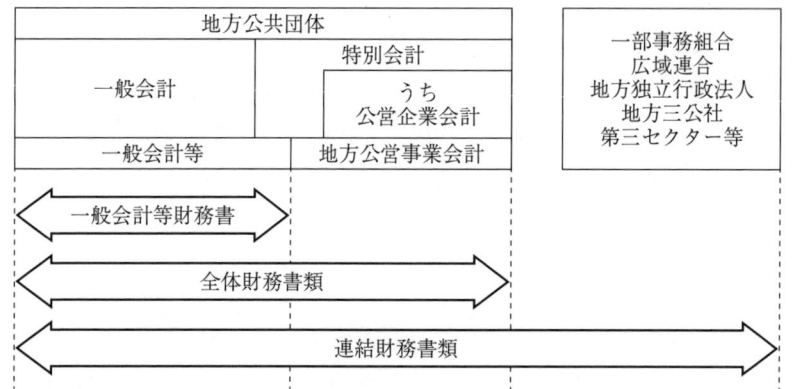

　なお，「地方公営企業法を適用している公営企業会計のみによって構成される一部事務組合等」については，既に発生主義・複式簿記による法定決算書類が作成されていますので，統一的な基準による財務書類については作成しないことも許容することとされています（連結時には法定決算書類の読替えが必要）。また，「一般会計等と地方公営企業法を適用している公営企業会計の双方によって構成される一部事務組合等」については，一般会計等分を一般会計等財務書類として作成し，地方公営企業法を適用している公営企業会計分は法定決算書類を読替えたうえで統計処理等を行い全体財務書類を作成することとなります（Q&A2-2）。

　また，地方公共団体は一般会計等を基礎として財務書類を作成することとしていますが，公的資金等によって形成された資産の状況等を総合的に明らかに

するため，一般会計等に地方公営事業会計を加えた全体財務書類，全体財務書類に都道府県と市町村の関連団体を加えた連結財務書類をあわせて作成することとしています（要領6，図1財務書類の対象となる会計）。

詳細は，「第4章　連結財務書類作成の手引き」において説明します。

(3)　財務書類の相互関係

10. 地方公共団体の財務書類の体系は，貸借対照表，行政コスト計算書，純資産変動計算書，資金収支計算書及びこれらの財務書類に関連する事項についての附属明細書とします。なお，行政コスト計算書及び純資産変動計算書については，別々の計算書としても，その二つを結合した計算書としても差し支えありません。
13. 統一的な基準の導入初年度においては，一般会計等，全体及び連結それぞれの開始貸借対照表を原則として作成します。この場合，附属明細書及び精算表も作成します。
15. 財務書類の作成基準日は，会計年度末（3月31日）とします。ただし，出納整理期間中の現金の受払い等を終了した後の計数をもって会計年度末の計数とします。その場合，その旨及び出納整理期間に係る根拠条文（自治法第235条の5等）を注記します。
16. 財務書類の表示金額単位は，百万円を原則とします。ただし，地方公共団体の財政規模に応じて千円単位とすることもできます。また，同単位未満は四捨五入するものとし，かかる四捨五入により合計金額に齟齬が生じる場合，これを注記します。なお，単位未満の計数があるときは「0」を表示し，計数がないときは「－」を表示します。
20. 統一的な基準による財務書類4表の相互関係は【図4　財務書類4表構成の相互関係】のとおりです。（図；略）
21. 統一的な基準による財務書類3表の相互関係は【図5　財務書類3表構成の相互関係】のとおりです。（図；略）

1 地方公共団体の財務書類の体系

第1章で述べたように，総務省「財務書類作成要領」では財務書類の体系として，4表方式（貸借対照表，行政コスト計算書，純資産変動計算書，資金収支計算書の4表）と3表方式（貸借対照表，行政コスト及び純資産変動計算書，資金収支計算書の3表）のいずれも認められている。

財務書類4表構成の相互関係（同要領20.「図表4」）とその理解に当たって留意すべき点は【図表2-3】のとおりです。

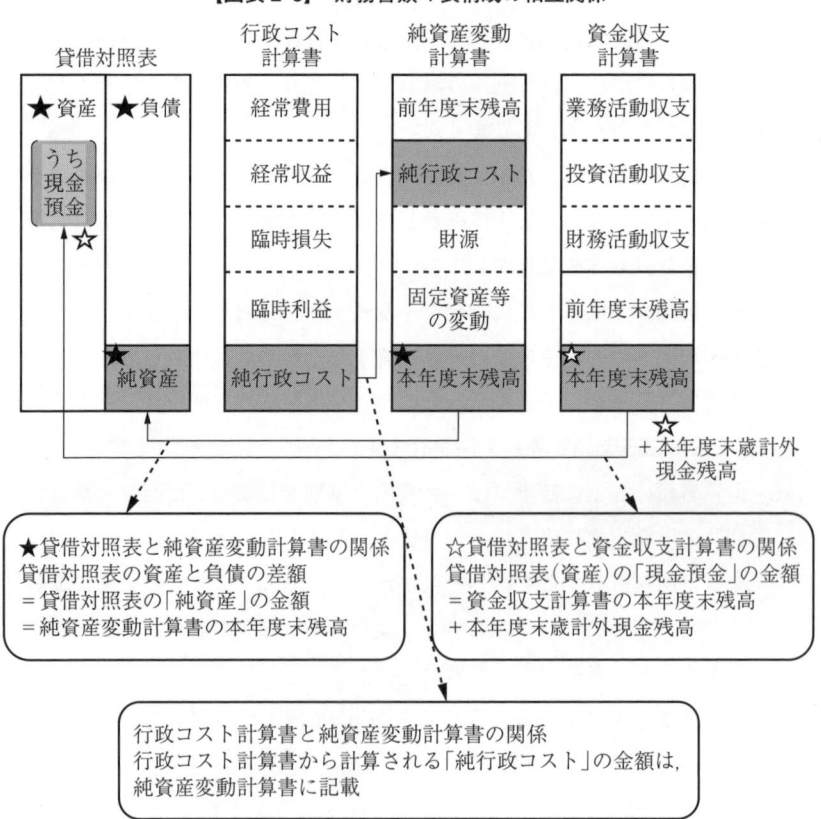

【図表2-3】 財務書類4表構成の相互関係

また，財務書類3表構成の相互関係（同要領20.「図表5」）とその理解に当

たって留意すべき点は【図表 2-4】のとおりです。

なお，4表で作成した財務書類であっても，3表で作成したものであっても共通の数値は同じ金額となります。

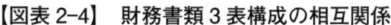

【図表 2-4】 財務書類 3 表構成の相互関係

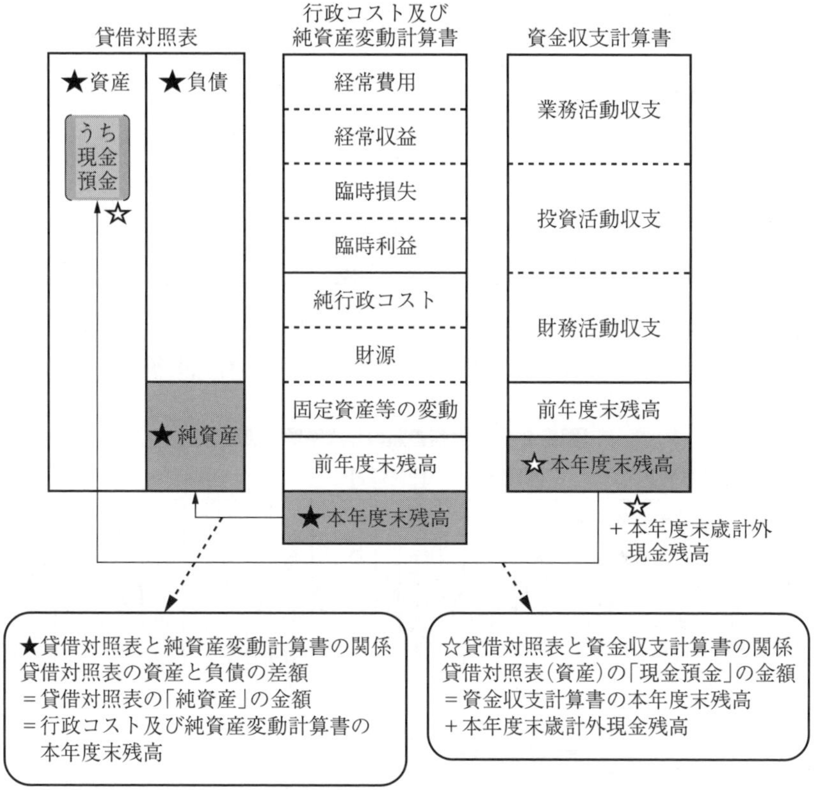
貸借対照表
★資産
うち現金預金
☆
★負債
★純資産
行政コスト及び純資産変動計算書
経常費用
経常収益
臨時損失
臨時利益
純行政コスト
財源
固定資産等の変動
前年度末残高
★本年度末残高
資金収支計算書
業務活動収支
投資活動収支
財務活動収支
前年度末残高
☆本年度末残高
☆
＋本年度末歳計外現金残高
★貸借対照表と純資産変動計算書の関係
貸借対照表の資産と負債の差額
＝貸借対照表の「純資産」の金額
＝行政コスト及び純資産変動計算書の本年度末残高
☆貸借対照表と資金収支計算書の関係
貸借対照表(資産)の「現金預金」の金額
＝資金収支計算書の本年度末残高
＋本年度末歳計外現金残高

2　一般会計等財務書類の作成手順

(1)　帳簿等と作成手順の概要

22.　統一的な基準では，「財務書類は，公会計に固有の会計処理も含め，

総勘定元帳等の会計帳簿から誘導的に作成」することとしています（研究会報告書57段落）。本作成要領では，この会計帳簿として，次の帳簿を作成します。

①仕訳帳（仕訳伝票）⇒1　仕訳帳
②総勘定元帳　　　　⇒2　総勘定元帳

1　財務書類の作成手順

地方公共団体の財務情報の基礎となる原情報としては，A：歳入歳出データ（一部未収金・徴収不能情報等を含みますが，ほとんどは現金取引），B：歳計外現金データ（預り金等），及びC：各種原簿・台帳を利用しますが（作成要領25），本作成要領では，帳簿として①仕訳帳（仕訳伝票）及び②総勘定元帳を設け，これらの帳簿から誘導的に，計算表（⑤，⑥）を経て，財務書類を作成します。その作成手順は【図表2-5】のとおりです（作成要領26，図表6）。

【図表2-5】　財務書類の作成手順の流れ

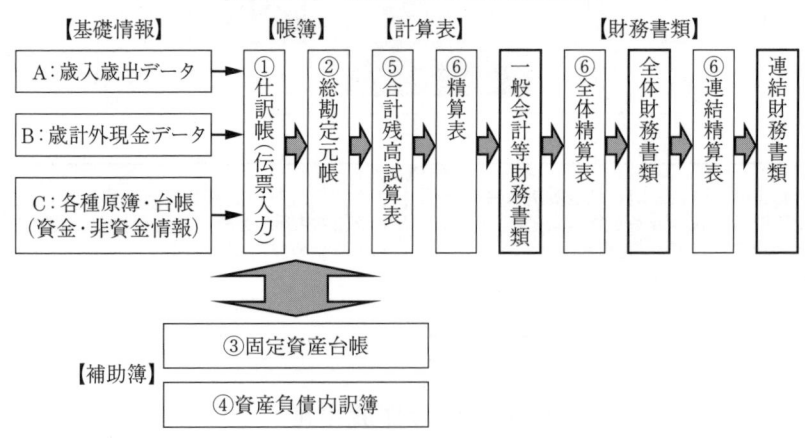

2　作成手順の概要

財務書類を作成する際の基本的な全体手順と作成資料は【図表2-6】のとおりです（作成要領45，図表7）。

【図表2-6】 財務書類の作業項目と作成帳簿等

作業項目（⇒留意点）	作成する帳簿等	（固定資産関係）
1 開始貸借対照表の作成（要領43①） ⇒保有資産・負債；既存の財産台帳等を基に棚卸的に残高把握，取得価額及び再調達価額等の評価額を算出作成	（＊1；開始時） 資産負債内訳簿＊1 開始貸借対照表	固定資産台帳＊1 建設仮勘定台帳＊1
	全体・連結開始貸借対照表	
2 一般会計等財務書類の作成	（＊2；期中）	
1．歳入歳出データによる資金仕訳	資金仕訳変換表 仕訳帳（資金仕訳）	固定資産台帳＊2 建設仮勘定台帳＊2
2．非資金仕訳⇒右帳簿を活用し発生主義に基づき仕訳（要領43②）	資産負債内訳簿（期中） 仕訳帳（非資金仕訳）	
3．一般会計等財務書類4表または3表の作成⇒会計等内部の計数数を単純合算し，会計相互間の内部取引を消去（要領43②）	総勘定元帳，合計残高試算表，内部取引調査票，相殺消去集計表，精算表	
3 全体・連結財務書類の作成（注） ①連結対象団体（会計）の決定 ②法定決算書類の取寄せまたは個別財務書類の作成 ③法定決算書類の読替え ④法定決算書類の連結修正等 ⑤純計処理⇒一般会計等と地方公営事業会計との，及び連結対象団体（会計）との，単純合算，内部取引相殺消去	内部取引調査票，相殺消去集計表，精算表	

（注）詳細は「連結財務書類作成の手引き」を参照のこと。

(2) 歳入歳出にかかる資金仕訳及び非資金仕訳について

54. 一般会計等の歳入歳出データから複式仕訳を作成する方法としては，原則として，取引の都度，伝票単位ごとに仕訳を行う日々仕訳と，日々の取引の蓄積を，期末に一括して仕訳を行う期末一括仕訳（基本的に，伝票単位ごとに仕訳を行います。）とが考えられます。両者ともに原理

は同一ですが，日常的に仕訳を作成するためには，そのような機能を有する財務会計システムが整備されていなければなりません。日々仕訳については，各地方公共団体が導入している財務会計システムによるところが大きいため，本作成要領では，以下，現行の財務会計システムから歳入歳出データを取得し，これを一括して複式仕訳に変換する期末一括仕訳を例として記述します。

56. 財務会計システムから受領した歳入・歳出データ（単式データ）に対し，予算科目単位に，借方・貸方の勘定科目を効率的に付与するため，資金仕訳変換表を作成します。

63. 【図9　歳入歳出データの複式帳簿への変換】（図；略）において，歳入歳出データから，資金仕訳変換表を参照しつつ仕訳帳を作成し，これから，総勘定元帳及び合計残高試算表を作成する作業手順を示します。

68. 前述までの資金仕訳は現金取引のみを対象とするものですので，引き続き，「非資金仕訳」を行う必要があります。かかる非資金仕訳を要する取引・会計事象は，次のとおりです。

    (1)　歳入歳出データに含まれるが，①整理仕訳（固定資産売却損益・引当金の振替処理等）を要するもの，②未収・未払・不納欠損に係るもの

    (2)　減価償却費や引当金といった現金の流出入を伴わない非資金取引等

69. 《別表7　非資金仕訳例》のうち，別表7-1から7-4までを参照してください。歳計外現金については，歳計外現金管理簿から，資産負債内訳簿に転記した額をもって非資金仕訳を行います。

1　「日々仕訳」と「期末一括仕訳」

「日々仕訳」は，仕訳の検証精度が高くなり内部統制に寄与すること，より早期に財務書類の作成・開示が可能となること等から，「研究会報告書（297）」では「日々仕訳」が望ましいとされています。しかし，都度の仕訳処理に係る全庁職員への事務負担や，現金支出等とあわせた仕訳処理を可能とするためのシステム等に係る経費負担等を考慮する必要があります。

このため，統一的な基準では，研究会報告書（293）で示されたように，①（帳簿体系を維持し，貸借対照表と固定資産台帳を相互に照合することで検証が可能となり，より正確な財務書類の作成に寄与すること）が満たされ，②（事業別・施設別等のより細かい単位でフルコスト情報での分析が可能となること）にも資するものであれば，期末一括仕訳によることも差し支えないとしています。なお，年次のほか月次や四半期など一定の期間で仕訳処理を行い，財務書類を作成することも可能とされています（Q&A2-19）。

2　財務会計システムから歳入歳出データを一括取得する場合の留意事項

①予算科目別の個別伝票データ（確定・承認済歳入歳出決算額と合致）受領。
②当期中に現金出納されたデータの受領。
　（期中の過程における支出決定または調定データは含めず，期末において未収・未払計上したもの，不納欠損決定したものは含めます。）
③データは，厳密に現年度・過年度（歳入；調定分，歳出；支出決定分）の区分がされていなければなりません。
④現金出納分は，期中の歳入合計と歳出合計の差額が出納整理期間満了日の現金残高（歳入歳出外現金を除く。）と合致していなければなりません。
　このことについては，【図表2-7】のとおり未収・未払・不納欠損残高整理表（要領55，別表4-2）等によって確認します。

【図表 2-7】 未収・未払・不納欠損残高整理表

別表4-2　未収・未払・不納欠損残高整理表
1　以下の各表は、予算決算及び歳入歳出決算集計データと合致していなければならない。
2　本表は、本年度末の整理仕訳及び附属明細書作成に利用する。

(1) 過年度未収金

予算科目	前年度未収金 A	本年度収納済額 B	未収残額 C=A-B	うち不納欠損決定額 D	本年度末残高 E=C-D	摘要

(2) 本年度未収金計上額

予算科目	本年度調定額 A	本年度収納済額 B	未収残額 C=A-B	うち不納欠損決定額 D	本年度末残高 E=C-D	摘要

3　標準的な資金仕訳変換表の例

①現金取引で行われる仕訳の一例（要領　別表6-1～6-4抜粋）

予算科目名	借方 注	借方 勘定科目名	貸方 注	貸方 勘定科目名
【歳入】				
1．都道府県税，市町村税	CF	税収等収入	NW	税収等
12．財産収入				
財産貸付収入	CF	その他の収入（業務収入）	PL	その他（経常収益）
利子及び配当金 CF PL	CF	その他の収入（業務収入）	PL	その他（経常収益）
財産（不動産・物品*）売払収入 （資産売却で売却損益が生じた場合は⇒非資金仕訳表を参照）				
*以外の場合⇒売却物が固定資産の場合はその科目を特定	CF	資産売却収入	BS	土地
	CF	資産売却収入	BS	建物
	CF	資産売却収入	BS	物品
【歳出】				

2. 給料		PL	職員給与費	CF	人件費支出
3. 職員手当等（＊賞与等引当金を充当して支払った部分⇒非資金仕訳表を参照）					
	＊以外の場合	PL	職員給与費	CF	人件費支出
11. 需用費　消耗品費		PL	物件費	CF	物件費等支出
15. 工事請負費⇒①資産形成支出と費用が混在している可能性があるので科目を特定する。②資産形成につながらない収益的支出は，PL 維持補修費として処理					
	①事業用建物工事	BS	建物（事業用資産）	CF	公共施設等整備費支出
	①インフラ資産（建物）	BS	建物（インフラ資産）	CF	公共施設等整備費支出
	②維持補修支出	PL	維持補修費	CF	物件費等支出
18. 備品購入費⇒資産形成支出（原則として 50 万円以上）と消耗品費支出が混在している可能性があるのでこれを分け，資産については科目を特定する。					
	物品購入（50万円以上）	BS	物品	CF	公共施設等整備費支出
	物品購入（50万円未満）	PL	物件費	CF	物件費等支出
19. 負担金，補助及び交付		PL	補助金等	CF	補助金等支出
23. 償還金，利子及び割引料※　非資金仕訳表を参照					
	1 年以内償還予定地方債元本償還	BS	1 年以内償還予定地方債	CF	地方債償還支出
	短期借入金元本償還	BS	その他（流動負債）		その他の支出（財務活動支出）
	地方債元本償還	BS	地方債	CF	地方債償還支出
	長期借入金元本償還	BS	その他（固定負債）	CF	その他の支出（財務活動支出）
	地方債利子支払	PL	支払利息	CF	支払利息支出

注）計上する財務書類を示しています（BS；貸借対照表，PL；行政コスト計算書，NW；純資産変動計算書，CF 資金収支計算書）。次の例も同様。

②非資金仕訳の一例（要領　別表 7-1 抜粋）

本表において「整理仕訳」とは，複数の勘定科目が混在する取引につき，当

27

初，1科目・金額で処理し，後日，その仕訳を正しい科目・金額に修正する振替仕訳をいう。以下，歳入歳出仕訳において，当初，混在する仕訳を行った場合の整理仕訳例の一部を掲載しますので，参考としてください。

予算科目名		借方		貸方	
		注	勘定科目名	注	勘定科目名
固定資産売却益 ⇒元本額 100，売却額 120，売却益 20					
	①当初仕訳（売却総額をもって処理）	CF	資産売却収入	BS	土地
	②整理仕訳（①の仕訳を修正）	BS	土地	PL	資産売却益
退職手当引当金					
	①当初仕訳（当初，全額職員給与費で処理）	PL	職員給与費	CF	人件費支出
	②整理仕訳（退職手当引当金を取崩し充当）	BS	退職手当引当金	PL	職員給与費

4 歳入歳出データの複式帳簿への変換

仕訳帳作成に至る主要な作業手順は【図表2-8】のとおりです（要領64，図9）。

①歳入歳出データの分類と処理

　現金取引データ

　　　⇒一義的に仕訳が特定できる予算科目に属するデータ

　　　　【資金仕訳変換表に従い伝票データごとに仕訳帳を自動的に生成】

　　　⇒資産・負債に関連する予算科目に属するデータ

　　　　【資金仕訳変換表から仕訳候補を選択し伝票データごとに仕訳帳生成】

　未収・未払・不納欠損にかかるデータ

　　　⇒非資金仕訳として処理（この段階では処理せず）。

②作成した仕訳帳データを総勘定元帳及び合計残高試算表に展開

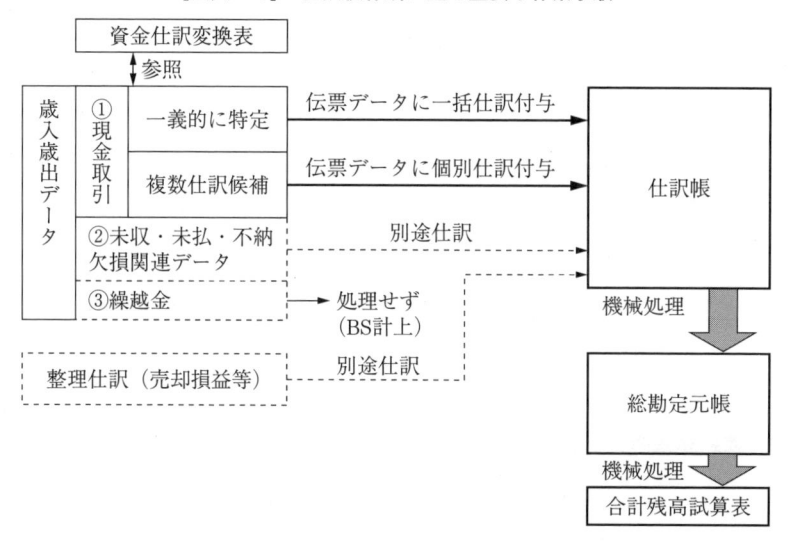

【図表2-8】 仕訳帳作成に至る主要な作業手順

3 一般会計等財務書類の作成（一般会計等内部の相殺消去）

73. 一般会計等については，前述までの作業により，一般会計と特別会計を合算したすべての仕訳が行われ，総勘定元帳及び合計残高試算表に機械的に展開されています。そこで，一般会計等内部の一般会計と特別会計間及び特別会計相互間の取引高及び債権債務額を抽出し，相殺消去を行います。なお，相殺消去すべき取引としては，一般会計と特別会計の間の他会計への繰入・繰出（移転支出・移転収入）等の例があります。
74. このとおり，連結においては内部取引を相殺消去することが原則ですが，相殺消去しなくともよいとされるケースがあります。例えば，水道料金，下水道使用料，施設使用料等条例で金額が定められているもの等，価格操作の余地がないものが挙げられます。

76. これに基づき，総勘定元帳及び合計残高試算表をあらためて作成し，相殺消去後の合計残高試算表を編集して，一般会計等財務書類4表または3表を作成します。

1 連結における相殺消去の事例（Q&A　別紙5）

・一般会計【年度末；長期貸付金250】　⟹　（公財）○○事業団
　（うち当期新規【長期貸付金100】）　　　　　　【地方債等250】

・一般会計【年度末；長期貸付金100】　⟹　㈱○○清掃サービス
　（うち当期返済【長期貸付金△30】）　　　　　【地方債等100】

2 連結精算表における記載の仕方及び考え方

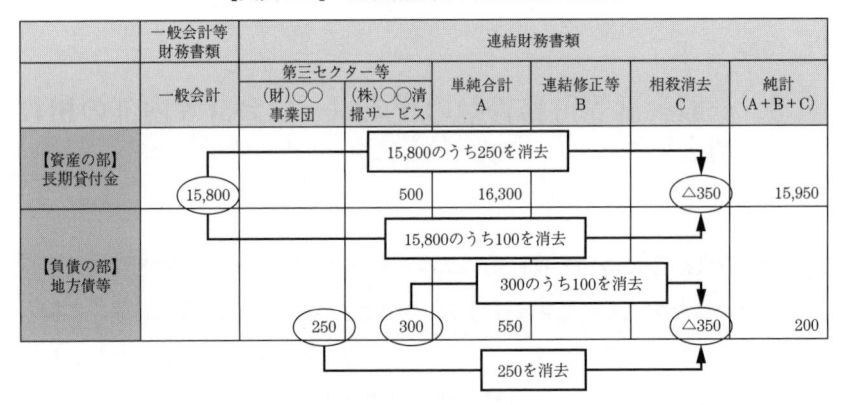

【図表2-9】　連結精算表；連結貸借対照表

	一般会計等財務書類	連結財務書類					
	一般会計	第三セクター等		単純合計 A	連結修正等 B	相殺消去 C	純計 (A+B+C)
		(財)○○事業団	(株)○○清掃サービス				
【資産の部】長期貸付金	15,800		500	16,300		△350	15,950
【負債の部】地方債等	250	300		550		△350	200

15,800のうち250を消去
15,800のうち100を消去
300のうち100を消去
250を消去

第 2 章　財務書類作成要領

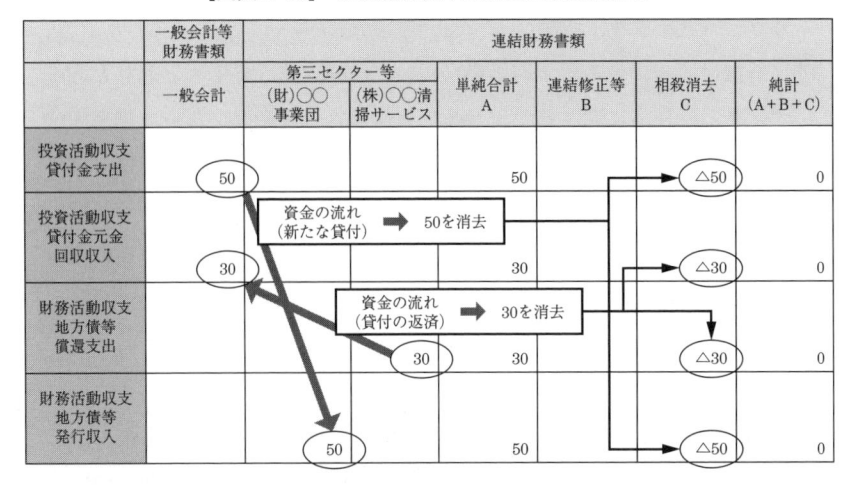

【図表 2-10】　連結精算表；連結資金収支計算書

	一般会計等 財務書類	連結財務書類					
	一般会計	第三セクター等		単純合計 A	連結修正等 B	相殺消去 C	純計 (A+B+C)
		(財)○○ 事業団	(株)○○清 掃サービス				
投資活動収支 貸付金支出	50			50		△50	0
投資活動収支 貸付金元金 回収収入	30			30		△30	0
財務活動収支 地方債等 償還支出			30	30		△30	0
財務活動収支 地方債等 発行収入		50		50		△50	0

資金の流れ（新たな貸付）　➡　50を消去

資金の流れ（貸付の返済）　➡　30を消去

4　貸借対照表の作り方

(1)　総則

78. 貸借対照表は，基準日時点における地方公共団体の財政状態（資産・負債・純資産の残高及び内訳）を明らかにすることを目的として作成します。
80. 貸借対照表は，「資産の部」，「負債の部」及び「純資産の部」に区分して表示します。
81. 資産，負債及び純資産は，総額によって表示することを原則とし，資産の項目と負債または純資産の項目とを相殺することによって，その全部または一部を除去してはなりません。
82. 資産の額は，負債と純資産の額の合計額に一致しなければなりません。
83. 資産及び負債の科目の配列については固定性配列法によるものとし，資産項目と負債項目の流動・固定分類は原則として1年基準とします。

84. 貸借対照表の主な固定資産については，補助簿である固定資産台帳の残高と一致します。(略)
85. 貸借対照表に係る附属明細書については様式第5号1のとおりとします。また，様式に記された資産及び負債以外の資産及び負債（無形固定資産等）のうち，その額が資産総額の100分の5を超える科目についても作成します。
86. (1) 資産項目の明細の①有形固定資産の明細については，資産負債内訳簿に基づき記載します。
87. (1) 資産項目の明細の②有形固定資産の行政目的別明細については，固定資産台帳に基づき作成します。
88. (1) 資産項目の明細の③から⑦まで及び (2) 負債項目の明細①から⑤までについては，資産負債内訳簿を参考としつつ，銘柄名等について具体的に記載します。

1 発生主義と貸借対照表

　発生主義会計では，地方公共団体が継続し持続することを前提に，将来の当該主体に関する予測と評価が可能な情報を提供します。発生主義会計の導入とは，営利目的の企業向けの会計を官庁に導入することではありません。また，発生主義になると現金の管理ができなくなるわけではなく，むしろ，現金主義で捉えるよりもさらに広い範囲に管理の対象を広げるということです。地方公共団体が管理する測定の対象を現金から，現金以外まで含めてトータルに，同じ貨幣的な尺度で測定することができるようになります。
　貸借対照表は，基準日時点における地方公共団体の財政状態（資産・負債・純資産の残高及び内訳）を明らかにすることを目的として作成するものです。国の財務書類においても，会社法においても，貸借対照表は左右対称の勘定式が採用されているだけではなく，会計年度末における資産と負債のバランスを把握することが容易であるため，貸借対照表は勘定式の様式となっています。

2　資産におけるサービス提供能力

　公会計における資産は，現金を生成するよりも，サービスを提供することにあり，またその交換の市場も限られているものが多いと考えられます。例えば，地方公共団体にとって一定の収入がある公共住宅などを例にとっても，利益目的ではないため低所得者や障害者，さらには災害で困窮する者などに比較的低額な家賃で居住施設を提供するなど，公的部門の資産の保有目的の多くは，民間事業会社とは異なるものです。資産を計上するためには現金を生み出すか否かに加え，サービス提供能力に着目します。ここで，資産が提供するサービスとは，資産の実際の使用度合いを指します。そして，資産が使用しうる状態にあるとは，主体が資産を使用する予定であり，かつ資産の維持・管理行為が行われていることです。

3　純資産の部

　「税収」の取扱いについて，基準モデルの立場では，税収は主権者としての住民からの拠出と考えるため，収益には当たらず（行政コスト計算書に計上せずに）純資産変動計算書に計上していました。また，総務省改訂モデルでは，税収を住民からの拠出と考えるわけではないのですが，純資産の変動項目を一括表示することが明瞭であることから純資産変動計算書に計上すると整理していました。

　純資産は，資産の財源としての補助金等が含まれ，単に資産負債差額ではなく，地方公共団体に資本概念がなじまないこと等の課題があるものの，現行の取扱いにおいても，財源が含まれていながらも純資産としていることや，「純資産」という名称が，一応地方公共団体で定着しつつあるという意見を踏まえ，「純資産」と呼称しています。

4　流動・固定分類

　民間企業では，正常営業循環基準を採用するものを除き一年基準が採用されていること，さらに地方公共団体においては概ね正常営業循環基準の対象とす

る債権はない等の理由から，流動・固定分類では1年基準により区分しています。なお，基準モデルにおいては，公会計では企業会計ほどは流動性の確保を重視する必然性がないことや，国民経済計算（SNA）等との整合性を踏まえ，金融資産と非金融資産に分け，さらに非金融資産の内訳として事業用資産とインフラ資産で区分し，その分類は，通常の民間企業と同様，土地，建物というように形態別に並んでいました。また，総務省改訂モデルでは，地方公共団体の所有する土地建物以外の有形固定資産は重要性が低いため，公共資産のうち有形固定資産は形態分類ではなく，決算統計である行政目的別分類を集約し名称変更して区分していました。しかし，今回，統一的な基準では科目分類が統一されたため，留意が必要です。

5 配列法

多くの日本企業は，現金の保有と会社の安全性の観点から流動項目を先に表示するため，貸借対照表の配列を流動から固定の順に記載する流動性配列法が一般的です。固定性配列法は，ガス会社や電力会社といった装置産業で用いています。

わが国の公会計でも多くは固定性配列法であることに加え，地方公共団体は非常に膨大な固定資産である行政財産を持ち，住民に対し財・サービスを提供しており，負債の多くは地方債（多くは固定負債に分類）であること等を勘案し，固定性配列法により表示することとされています。

【図表2-11】 貸借対照表の様式（様式第1号）

【様式第1号】

貸借対照表
（平成　　年　　月　　日現在）

（単位：百万円）

科目	金額	科目	金額
【資産の部】 　固定資産 　　有形固定資産 　　　事業用資産 　　　　土地 　　　　立木竹 　　　　建物 　　　　建物減価償却累計額 　　　　工作物 　　　　工作物減価償却累計額 　　　　船舶 　　　　船舶減価償却累計額 　　　　浮標等 　　　　浮標等減価償却累計額 　　　　航空機 　　　　航空機減価償却累計額 　　　　その他 　　　　その他減価償却累計額 　　　　建設仮勘定 　　　インフラ資産 　　　　土地 　　　　建物 　　　　建物減価償却累計額 　　　　工作物 　　　　工作物減価償却累計額 　　　　その他 　　　　その他減価償却累計額 　　　　建設仮勘定 　　　物品 　　　物品減価償却累計額 　　無形固定資産 　　　ソフトウェア 　　　その他 　　投資その他の資産 　　　投資及び出資金		【負債の部】 　固定負債 　　地方債 　　長期未払金 　　退職手当引当金 　　損失補償等引当金 　　その他 　流動負債 　　1年内償還予定地方債 　　未払金 　　未払費用 　　前受金 　　前受収益 　　賞与等引当金 　　預り金 　　その他	
		負債合計	
		【純資産の部】 固定資産等形成分 余剰分（不足分）	

有価証券			
出資金			
その他			
投資損失引当金			
長期延滞債権			
長期貸付金			
基金			
減債基金			
その他			
その他			
徴収不能引当金			
流動資産			
現金預金			
未収金			
短期貸付金			
基金			
財政調整基金			
減債基金			
棚卸資産			
その他			
徴収不能引当金		純資産合計	
資産合計		負債及び純資産合計	

(2) 資産（総則）

89. 資産は，資産の定義に該当するものについて，その形態を表す科目によって表示します。また，資産の貸借対照表価額の測定については，それぞれの資産の性質及び所有目的に応じた評価基準及び評価方法を用います。

90. 資産は，「固定資産」及び「流動資産」に分類して表示します。なお，繰延資産については，原則として計上しません。

1　繰延資産

企業会計では，通常，費用を発生の事実に基づき計上するものの，支出の効果が当期だけでなく将来にわたって発現する特定の費用を経過的に一度資産と

して貸借対照表に計上し，効果の発現する期間に応じて長期的に費用を配分することが可能なように，繰延資産として貸借対照表の資産の部に計上することを認めています。将来の期間に影響する特定の費用とは，企業が創立するまでに要したコスト（創立費）や，株式発行に要したコスト（新株発行費）などが該当します。しかし，現実的には，資産を財産価値や換金価値等ととらえると，繰延資産を貸借対照表に計上することは，ある意味特例的な取り扱いと考えられます。また，資産計上を任意で選択できる現行の取扱いは，企業間の比較可能性を阻害する可能性があることに加え，有価証券報告書提出会社において繰延資産を開示している企業の数は少ない状況にあります。

基準モデルでは，地方債発行費，地方債発行差金，開発費，試験研究費等の費用について，繰延資産として計上することができることとしていましたが，繰延資産を計上した団体が少なく，計上している団体においても計上額が少額であること等を踏まえ，統一的基準の下では繰延資産の計上を認めず，費用処理することとされました。なお，その他の公会計，例えば独立行政法人会計基準などでも，繰延資産の計上は認めておりません。

(3) 固定資産

> 91. 固定資産は，「有形固定資産」，「無形固定資産」及び「投資その他の資産」に分類して表示します。

有形固定資産は，わかりやすく説明すると目に見える資産であり，無形固定資産は目に見えない資産をいい，投資その他の資産は，貸借対照表において有形固定資産と無形固定資産以外のものを表示します。

(3.1) 有形固定資産

> 92. 有形固定資産は，「事業用資産」，「インフラ資産」及び「物品」に分類して表示します。

93. 有形固定資産の資産評価については,「資産評価及び固定資産台帳整備の手引き」において説明します。

94. 事業用資産は,インフラ資産及び物品以外の有形固定資産をいいます。

95. 事業用資産としての有形固定資産は,その種類ごとに表示科目を設けて計上します。具体的には,「土地」,「立木竹」,「建物」,「工作物」,「船舶」,「浮標等」,「航空機」,「その他」及び「建設仮勘定」の表示科目を用います。また,減価償却の方法について注記します。ただし,売却を目的として保有している資産については,有形固定資産ではなく,棚卸資産として計上します。

96. インフラ資産は,システムまたはネットワークの一部であること,性質が特殊なものであり代替的利用ができないこと,移動させることができないこと,処分に関し制約を受けることといった特徴の一部またはすべてを有するものであり,例えば道路ネットワーク,下水処理システム,水道等が該当します。

97. インフラ資産は,その種類ごとに表示科目を設けて計上します。具体的には,「土地」,「建物」,「工作物」,「その他」及び「建設仮勘定」の表示科目を用います。また,減価償却の方法について注記します。

98. 物品は,自治法第239条第1項に規定するもので,原則として取得価額または見積価格が50万円(美術品は300万円)以上の場合に資産として計上します。ただし,各地方公共団体の規程等において重要な物品等の基準を有している場合で,かつ,総資産に占める物品の割合に重要性がないと判断される場合においては,各地方公共団体の判断に基づき,継続的な処理を前提に当該規程等に準じた資産計上基準を設けることを妨げません。なお,開始時の算定に際しても同様とします。

99. なお,事業用資産とインフラ資産の区別については,《別表8 事業用資産とインフラ資産の区分表》に従うこととします。ただし,事業用資産とインフラ資産の区分表においては,原則として上記のような基本的考え方を踏まえつつも,地方公共団体における現実の財産管理上の権

限と責任の配分等をも勘案し，事業用資産とインフラ資産の区別に一定の修正を加えたものとしているので，留意してください。

1　有形固定資産の評価基準

公会計における資産は，将来の経済的便益，つまり資金流入をもたらすものに加え，将来にわたって行政サービスを提供する能力を有するものを資産計上します。有形固定資産は，サービス提供能力に着目し，有形固定資産の種類ごとに原価モデルと再評価モデルのどちらを採用するかを選択します。例えば，地方公共団体が保有する有形固定資産のうち，長期保有でほとんど市場にて取引されない資産であれば，原価を用いた適切な方法で計上することになります。また，公正価値評価は，特に現有する資産が破損，消滅した場合にも，引き続き同様の行政サービスを提供するであろうと考え，その資産を再取得，再調達したときの価額でもって資産を評価することになります（詳しくは「資産評価及び固定資産台帳整備の手引き」を参照）。

2　償却資産と非償却資産

償却資産とは，使用期間が長期間で，時間の経過や使用によりその価値が減少するため減価償却の対象となる固定資産をいいます。減価償却を行う場合は，耐用年数が異なる区分や固定資産の種類ごとに減価償却を行い，その方法を注記する必要があります（詳しくは「資産評価及び固定資産台帳整備の手引き」を参照）。

また，非償却資産は，時間の経過や使用によって価値が減少しないということから減価償却を行わない固定資産をいいます。具体的に，土地，借地権・地上権・地役権など土地の上に存する権利，美術，書画，骨とう，歴史的建造物，建設仮勘定等が挙げられます。

3　売却可能資産

地方公会計は，資産債務改革からの要請で行われており，資産の活用状況を

把握することを通じ，資産の有効活用又は売却することが期待されています。基準モデル及び改訂モデルでは，未利用や遊休状態にある土地や建物などの固定資産又は売却予定の固定資産のうち地方公共団体が特定したものを「売却可能資産」として定義し，市場での売却による実現可能価額に基づき価額を算定・開示していました。

しかし，「売却可能資産」は，区分掲記し毎年度評価をするということであったため，もはや固定資産ではなく，棚卸資産のような流動的なものとして考えるべきとの意見を踏まえ，統一的基準の下では，有形固定資産ではなく棚卸資産として取扱いを明らかにしています。

4 インフラ資産

インフラ資産の会計処理は，インフラ資産といえども事業用資産の土地や建物などに含めて表示する方法と，インフラ資産として区分して表示する方法がありますが，統一的基準の下では，インフラ資産の区分（国は公共用財産で区分）を設けています。

また，国際公会計基準 IPSAS 第17号「有形固定資産」では，インフラ資産として以下のような特徴を掲げています（第21項）。

① システムやネットワークの一部である。
② 特別の用途に供されており，代替がきかない。
③ 移動させることができない。
④ 処分制限がある。

具体例として，道路，上下水，電気，通信の各ネットワークが挙げられています。統一的会計基準の下では IPSAS の記載を参考にしたと考えられます。

5 物品の計上基準

地方自治法239条第1項の規定に基づく物品の考え方に準じて認識し，物品の計上基準として，国の考え方（物品管理法）に準じて50万円（美術品は300万円）以上としていますが，同基準の是非（高い又は低い）についての意

第2章　財務書類作成要領

見があるところです。しかし，既に実務が進行していることに配慮し，取り扱いは変更していません。また，資産計上基準を一律とすることは，比較可能性の観点から望ましいものの，重要な物品の規程を有している各地方公共団体では，現行の取扱いも許容しています。

【図表2-12】　附属明細書（様式第5号）の一部抜粋

1. 貸借対照表の内容に関する明細
(1) 資産項目の明細
①有形固定資産の明細　　　　　　　　　　　　　　　　　　　　（単位：　　　）

区分	前年度末残高(A)	本年度増加額(B)	本年度減少額(C)	本年度末残高(A)+(B)-(C)(D)	本年度末減価償却累計額(E)	本年度償却額(F)	差引本年度末残高(D)-(E)(G)
事業用資産							
土地							
立木竹							
建物							
工作物							
船舶							
浮標等							
航空機							
その他							
建設仮勘定							
インフラ資産							
土地							
建物							
工作物							
その他							
建設仮勘定							
物品							
合計							

②有形固定資産の行政目的別明細　　　　　　　　　　　　　　　（単位：　　　）

区分	生活インフラ・国土保全	教育	福祉	環境衛生	産業振興	消防	総務	合計
事業用資産								
土地								
立木竹								
建物								

工作物								
船舶								
浮標等								
航空機								
その他								
建設仮勘定								
インフラ資産								
土地								
建物								
工作物								
その他								
建設仮勘定								
物品								
合計								

(3.2) 無形固定資産

100. 無形固定資産は，その種類ごとに表示科目を設けて計上します。具体的には，「ソフトウェア」及び「その他」の表示科目を用います。また，減価償却の方法について注記します。

101. ソフトウェアについては，「資産評価及び固定資産台帳の手引き」において説明します。

102. その他は，ソフトウェア以外の無形固定資産をいいます。

無形固定資産は，地方自治法238条第1項各号に定める公有財産のうち，地上権等の用益物権，特許権や著作権等の無体財産及びこれらに準ずる権利が該当すると考えられます。

また，ソフトウェアについては，各地方公共団体における実態としては様々な使用形態を取っている場合もありますが，国の財務書類でも対象としていることなども踏まえ，ソフトウェアを会計処理することとしています。

(3.3) 投資その他の資産

103. 投資その他の資産は，「投資及び出資金」，「投資損失引当金」，「長期延滞債権」，「長期貸付金」，「基金」，「その他」及び「徴収不能引当金」に分類して表示します。
104. 投資及び出資金は，その種類ごとに表示科目を設けて計上します。具体的には，「有価証券」，「出資金」及び「その他」の表示科目を用います。
105. 有価証券は，地方公共団体が保有している債券等をいいます。また，有価証券の評価基準及び評価方法を注記します。
106. 有価証券は，満期保有目的有価証券及び満期保有目的以外の有価証券に区分します。
107. 出資金は，公有財産として管理されている出資等をいいます。なお，出捐金は，自治法第238条第1項第7号の「出資による権利」に該当するため，出資金に含めて計上します。
108. その他は，上記以外の投資及び出資金を計上します。
109. 長期延滞債権は，滞納繰越調定収入未済の収益及び財源をいいます。なお，長期延滞債権の内訳に係る附属明細書を作成します。
110. 長期貸付金は，自治法第240条第1項に規定する債権である貸付金（以下「貸付金」といいます。）のうち，流動資産に区分されるもの以外のものをいいます。
111. 基金は，基金のうち流動資産に区分されるもの以外のものをいい，「減債基金」及び「その他」の表示科目を用います。なお，繰替運用を行った場合，基金残高と借入金残高を相殺して表示します。ただし，その内容を注記します。
112. その他は，上記及び徴収不能引当金以外の投資その他の資産をいいます。

1　有価証券の評価基準

　原則として，企業会計における金融商品会計基準と同様です。ただし，企業会計の金融商品会計基準で定められている売買目的有価証券については，地方公共団体では想定されないため，規定されていません。したがって，満期保有目的の有価証券（債券），満期保有目的以外の有価証券の2区分となります（会計処理は，そのうち市場価格のあるものとないもので処理が異なります（詳しくは「資産評価及び固定資産台帳整備の手引き」を参照）。

2　出資金の評価基準

　原則として，企業会計における金融商品会計基準と同様です。つまり，市場価格のあるものと市場価格のないものに分けて処理することとなります。

　投資損失引当金について，現行の企業会計における金融商品会計基準では，引当金ではなく減損処理されているとの意見も検討過程でありました。しかし，投資・出資金の評価は，第3セクターの業績がわかるようにする必要もあることから，貸借対照表の投資・出資金の下に，投資損失引当金勘定科目を設けることとしています。その結果，第3セクターや地方公営企業等の業績が悪く，債務超過になった場合には，マイナスが記載されます。開示された貸借対照表の投資損失引当金勘定にマイナスを表す「△」が付いていれば，業績が悪いことを意味し，ある種のアラートとして活用できることとなります。つまり，住民サービスや地域活性化の担い手である第三セクター等の経営健全化に取り組むことが必要とされている現行の政策との連携も考慮した結果，引き続き投資損失引当金を計上することとされているといえます。

(4)　流動資産

113. 流動資産は，「現金預金」，「未収金」，「短期貸付金」，「基金」，「棚卸資産」，「その他」及び「徴収不能引当金」に分類して表示します。
114. 現金預金は，現金（手許現金及び要求払預金）及び現金同等物から

第 2 章 財務書類作成要領

構成されます。このうち現金同等物は，各地方公共団体が資金管理方針等で歳計現金等の保管方法として定めた預金等をいいます。なお，歳計外現金及びそれに対応する負債は，その残高を貸借対照表に計上します。
115. 未収金は，現年調定現年収入未済の収益及び財源をいいます。なお，未収金の内訳に係る附属明細書を作成します。
116. 短期貸付金は，貸付金のうち，翌年度に償還期限が到来するものをいいます。
117. 基金は，財政調整基金及び減債基金のうち流動資産に区分されるものをいい，「財政調整基金」及び「減債基金」の表示科目を用います。
118. 棚卸資産は，売却を目的として保有している資産をいいます。
119. その他は，上記及び徴収不能引当金以外の流動資産をいいます。

1　未収金

債権管理のあり方を考慮して，現年調定現年収入未済分について「未収金」としています。なお，滞納繰越調定収入未済分については「長期延滞債権」に区分しています。民間企業会計や地方公営企業会計でも同様に営業循環基準の範疇にあるものは流動資産に，それ以外を固定資産に区分しています。また，地方税の未収金は，貸借対照表に区分掲記するほどの重要性もないとのことから，内訳を附属明細書に掲載することとしています。

2　歳計外現金

地方自治法第 235 条の 4 第 2 項に規定されている「普通地方公共団体の所有に属しない現金」のことです。市町村における預り県民税，職員の給与に係る預り源泉税や公営住宅の預り敷金等が該当します。出納整理期間中の出納を考慮した場合に解消されるものが大部分ですが，公営住宅の預り敷金のように年度を越えて保管される現金もあります。基準モデル，改訂モデルともに，歳計外現金は，歳入歳出決算書との整合性等に鑑み，基本的に資金収支計算書の資

金の範囲に含めていませんでした。

　歳計外現金は日常の厳格な出納管理の下で行われていることから，残高管理の観点に絞り，年度を越える歳計外現金を財務書類に反映します。

3　徴収不能引当金

　地方公共団体には，制度融資，社会福祉金，災害復旧の無利子貸付や各種税金などがありますが，生活困窮などで収められない，期限通りに返済・回収されないケースがあります。各地方公共団体では，貸付額，未収額（収入未済額）は把握していても，貸倒引当金という概念がなく不納欠損という会計処理を行っていました。長期延滞債権や未回収状態があるということは，将来，回収できないリスクであり把握すべきとして，貸付金等には貸倒引当金を設定することとなります。貸借対照表の投資等の部に，徴収不能見込み額として過去の回収不能の実績から見積もった貸倒引当金を計上します。

4　棚卸資産

　棚卸資産とは，通常の事業の過程において販売を目的として保有されているもの，その販売を目的とした生産過程にあるものや，生産過程もしくは役務提供に当たって消費される原材料または貯蔵品を指します。棚卸資産の評価方法は企業会計と同様の取扱いとなります。

　なお，IPSAS第12号「棚卸資産」の例として「保健当局が作成する学校へ寄付する教育書籍」や「戦略的備蓄（自然災害や市民防衛上のエネルギー貯蔵等）」などが挙げられていることも参考になるかもしれません。

(5) 負債（総則）

> 120. 負債は，負債の定義に該当するものについて，その形態を表す科目によって表示します。また，負債の貸借対照表価額の測定については，それぞれの負債の性質に応じた評価基準及び評価方法を用います。

121. 負債は，「固定負債」及び「流動負債」に分類して表示します。

　引当金とは，支払う義務は負っているものの，実際に支払う時期や金額はまだ確定しないものを負債に計上することをいいます。勘定科目に「金」という文字が付されるものの，現金のような資産の勘定科目ではありません。また，既出の貸倒引当金は，資産のマイナス項目の勘定であるため，負債の勘定科目の引当金とは異なる性質であることに留意する必要があります。

(6)　固定負債

122. 固定負債は，「地方債」，「長期未払金」，「退職手当引当金」，「損失補償等引当金」及び「その他」に分類して表示します。
123. 地方債は，地方公共団体が発行した地方債のうち，償還予定が1年超のものをいいます。
124. 長期未払金は，自治法第214条に規定する債務負担行為で確定債務と見なされるもの及びその他の確定債務のうち流動負債に区分されるもの以外のものをいいます。
125. 退職手当引当金について，他の地方公共団体等と一部事務組合を設立し分担金等を負担している場合には，退職手当引当金繰入額は記載しないこととし，移転費用の補助金等において，その分担金等を記載します。
126. 退職手当引当金については，原則として，期末自己都合要支給額により算定することとします。具体的には，一般職に属する職員については以下のAとBの合計額とし，特別職に属する職員についてはCで求めた額として，それらを合算したものを退職手当引当金として計上します。
　　A) 基本額　勤続年数ごとの（職員数×平均給料月額×自己都合退職支給率）を合計したもの

B）調整額（略）
　　C）特別職に属する職員の退職手当引当金　当該職員全員が当該年度の前年度の末日に自己都合退職するものと仮定した場合に支給すべき退職手当の額の合計額
127．損失補償等引当金は，履行すべき額が確定していない損失補償債務等のうち，地方公共団体財政健全化法上，将来負担比率の算定に含めた将来負担額を計上するとともに，同額を臨時損失（損失補償等引当金繰入額）に計上します。なお，前年度末に損失補償等引当金として計上されている金額がある場合には，その差額のみが臨時損失に計上されることとなります。計上する損失補償債務等の額の算定は，地方公共団体の財政の健全化に関する法律施行規則（平成20年総務省令第8号）第12条第5号の規定に基づく損失補償債務等に係る一般会計等負担見込額の算定に関する基準（平成20年総務省告示第242号）によるものとし，地方道路公社及び土地開発公社に関する将来負担額についても，損失補償等引当金に計上します。また，履行すべき額が確定していない損失補償債務等のうち，貸借対照表に計上した額を除く損失補償債務等額については，偶発債務として注記します。なお，議決された債務負担行為額との関係を明確にするため，その総額もあわせて注記します。
128．損失補償契約に基づき履行すべき額が確定したもの（確定債務）については，貸借対照表に負債（未払金等）として計上するとともに，同額を臨時損失（その他）に計上します。なお，前年度末に負債（未払金等）として計上されている金額がある場合には，その差額のみが臨時損失に計上されることとなります。

1　退職手当引当金

　働いている職員が退職したときに支払う退職一時金は，支払ったときのみのコストではありません。ある職員の退職一時金に伴うコストは，長期に渡る勤

務期間中は支出されないこともあり，認識されていませんでした（例えば団塊の世代の退職などが典型例）。しかし，発生主義会計では，退職金にかかる法令や諸規程などに従い，職員の勤務年数に応じてコストが発生し，累積していくと考え，貸借対照表に計上することとなります。その結果，将来的にどの程度の退職一時金としての現金支出が必要になるかということなどについて，負債に計上された額から判断することが可能となります。

企業会計では，退職手当支給見込額と積立てた資産を差引いた純額を貸方の負債の部の退職給付引当金に計上します。改訂モデルでは，退職手当見積額を負債の部に引当金として計上しますが，その額は総額でした。同時に，一方の，資産側の積み立て状況を貸借対照表の資産の部で見ることが可能でした（多くの地方公共団体は，退職金に対する手当が自前でも外部積立でもなされていない状況が開示されていました）。さらに，単年度の財政規模では対応できないほどの多額の金額が必要になることに備え，翌年支払い分だけ抜き出して，翌年度支払い予定退職手当額を流動負債に別掲する取扱いがされていました。

統一的基準の下では，検討の結果，企業会計でも一般的な取扱いである期末自己都合要支給額（期末現在において全職員が退職すると仮定して，退職金規程等に基づいて，全職員に対する退職金の支給総額）を計上することとしました。様々な前提と複雑な仮定計算をせずとも，ある程度合理的にコストを把握，見積もることが可能な算定方法の1つです。

2 損失補償等引当金

地方公共団体財政健全化法では，第3セクター等の損失補償債務のうち，経営状況等を勘案して算定した一般会計等の将来負担見込額を将来負担額に加えています。それらを勘案し，負担見込額のうち地方道路公社及び土地開発公社や第3セクター等の損失補償付債務にかかる将来負担額については，貸借対照表上，「損失補償等引当金」に計上することが定められています。議論の結果，引き続き損失補償等引当金を計上することとしています。また，損失補償等引当金は，引当金の計上基準を満たしたもののみ計上され，それ以外の現時点で

債務ではない発生可能性が低いものは偶発債務として注記されることに留意する必要があります。

（7） 流動負債

130. 流動負債は、「1年内償還予定地方債」、「未払金」、「未払費用」、「前受金」、「前受収益」、「賞与等引当金」、「預り金」及び「その他」に分類して表示します。

131. 1年内償還予定地方債は、地方公共団体が発行した地方債のうち、1年以内に償還予定のものをいいます。

132. 未払金は、基準日時点までに支払義務発生の原因が生じており、その金額が確定し、または合理的に見積もることができるものをいいます。

133. 未払費用は、一定の契約に従い、継続して役務提供を受けている場合、基準日時点において既に提供された役務に対して未だその対価の支払を終えていないものをいいます。

134. 前受金は、基準日時点において、代金の納入は受けているが、これに対する義務の履行を行っていないものをいいます。

135. 前受収益は、一定の契約に従い、継続して役務の提供を行う場合、基準日時点において未だ提供していない役務に対し支払を受けたものをいいます。

136. 賞与等引当金は、基準日時点までの期間に対応する期末手当・勤勉手当及び法定福利費を計上します。また、賞与等引当金の計上基準及び算定方法について注記します。

137. 賞与等引当金の貸借対照表計上額は、在籍者に対する6月支給予定の期末・勤勉手当総額Aとそれらに係る法定福利費相当額Bを加算した額のうち、前年度支給対象期間X（対象期間開始日から3月31日まで）／全支給対象期間Y（6ヶ月）の割合を乗じた額を計上します。

> 賞与等引当金計上額＝(A＋B)＊X／Y
>
> 138. 預り金は，基準日時点において，第三者から寄託された資産に係る見返負債をいいます。

1　賞与等引当金

　賞与引当金は，職員への翌期に支払う賞与の支払いに備え，当期分を合理的に見積もり計上する引当金です。賞与の支給額が確定していないが支給することが見込まれる額のうち当期負担分を引当計上します。ここでは法定福利費も含めることで，賞与等と，「等」を付した上で，賞与等引当金として計上することが定められています。

　具体的な処理としては，仮に，6月の賞与の支給対象期間を，1月から6月とした場合，6月賞与の支給見込額のうち，3月末時点で支給対象期間6か月のうち半分の3か月（1月から3月まで）が既に経過しているため，6月支給見込額の半分の金額を当期発生額として引当金として計上します。

(8)　純資産

> 140. 純資産は，純資産の定義に該当するものについて，その形態を表す科目によって表示します。
> 141. 純資産は，純資産の源泉（ないし運用先）との対応によって，その内部構成を「固定資産等形成分」及び「余剰分（不足分）」に区分して表示します。
> 142. 固定資産等形成分は，資産形成のために充当した資源の蓄積をいい，原則として金銭以外の形態（固定資産等）で保有されます。換言すれば，地方公共団体が調達した資源を充当して資産形成を行った場合，その資産の残高（減価償却累計額の控除後）を意味します。
> 143. 余剰分（不足分）は，地方公共団体の費消可能な資源の蓄積をいい，原則として金銭の形態で保有されます。

1 純資産

現世代と将来世代の調整の観点から，純資産の増加は，現世代の負担により将来世代にも利用可能な資源を蓄積し，将来世代の負担が軽減されたことを示します。純資産の減少は，現世代が将来世代の資源を費消して便益を享受し，将来世代に負担が先送りされた状況を示すものです。

今まで，基準モデル及び総務省改訂モデルともに，純資産の内訳を詳細に区分して表示していました。補助金で資産形成した場合で，補助金を純資産に計上し，建物などを固定資産に計上すると，資産と純資産の両方が非常に膨らむこととなります。そこで，地方公共団体を経営分析すると，地方財政は厳しいはずなのに，負債と純資産の比率を勘案すると優良企業以上の極めて良い比率になり誤解を生じさせることから，各モデルで工夫をして表示していました。

統一的基準においても，純資産の部は，地方公会計は長期的な視野で将来世代と現役世代の受益と負担はバランスしているかなどを判断する材料や資産債務改革・予算への活用などを期待する上で，大変重要と考えています。地方公共団体の資産，特に固定資産の多くは，元々売却目的で保有しているものではないばかりか，売却も困難なものもあると思います。そのような中，将来世代の税金負担や資産形成状況を判断する上で，純資産の部を源泉との対応により，「固定資産形成分」及び「余剰分（不足分）」と区分して表示しています。なお，会計期間中の純資産の変動は，純資産変動計算書によって明らかになります。

5 行政コスト計算書の作り方

(1) 総則

144. 行政コスト計算書は，会計期間中の地方公共団体の費用・収益の取引高を明らかにすることを目的として作成します。
146. 費用及び収益は，総額によって表示することを原則とし，費用の項目と収益の項目とを直接に相殺することによってその全部または一部

147. 行政コスト計算書は、「経常費用」、「経常収益」、「臨時損失」及び「臨時利益」に区分して表示します。

148. 行政コスト計算書の収支尻として計算される純行政コストは、純資産変動計算書に振替えられ、これと連動します。

149. 行政コスト計算書は、勘定科目ごとに作成された合計残高試算表から、それぞれの数値を転記して作成します。

150. 行政コスト計算書に係る附属明細書については様式第5号2のとおりとします。

151. (1) 補助金等の明細について、名称は○○助成や○○分担金等と記載し、支出目的については、○○会計の健全運営や○○に係る法定負担金等と記載します。

152. 所有外資産とは、他団体及び民間への補助金等により整備された資産であり、他団体への公共施設等整備補助金等は資産形成にあたった分を記載します。

153. 当明細の金額の合計については、行政コスト計算書における「補助金等」と数字が一致します。

154. 行政目的別の情報の開示については、そのセグメントにどれだけのコストが使われているかを示すことは重要であることから、各団体の取組に応じて行政目的別のものを附属明細書等で表示することが望まれます。

新地方公会計では、発生主義により認識・測定される取引の仕訳処理を通じて、複数の財務書類が作成・開示されます。その中で、「行政コスト計算書」は、費用・収益に属する勘定を集約し、行政コストに関する情報を提供するという重要な役割を受け持つ計算書です（要領144）。

「行政コスト計算書」から、利用者はこれまでの現金主義による「歳入歳出決算書」では見えにくかった行政に係るコストの情報を把握することが可能と

なります。この計算書に含まれる情報は，主権者である住民・議会やその他の利害関係者に，行政全体や個々の施策・事業・施設のコスト構造の理解を深めさせ，地方公共団体の内部者等にコストの将来見通しの計算を容易にさせ財政予測等への活用の道を開いてくれます。

なお，「行政コスト計算書」には費用（コスト）のほか収益も表示されますが，ここでの収益とは，使用料等の対価性のある収入のみを意味し，税収等の直接的な対価性のない収入については，「行政コスト計算書」に計上せず，「純資産変動計算書」に計上される点に注意が必要です。

「行政コスト計算書」は，【図表2-12】のとおり，コストの内訳を性質別（形態別）に表示する様式となっています（様式第2号）。この点，以前の総務省方式改訂モデルでは，性質別と行政目的別のマトリックスで表示する様式となっていました。

一般に，費用・収益に属する勘定の情報を集約する計算書では，性質別コスト表示が基本となっています。この方が前述のコスト構造の理解やコストの将来見通しの計算に直接役立つからです。また，行政目的別の表示には，職員給与や光熱水費のような予算科目を複数目的にどのように合理的に按分計算するかという実務上の問題点もあります。

ただし，行政目的別のコスト情報の開示は，一歩進んだ理解や活用にとっては非常に重要であり，実は先進的な団体ではそのようなニーズに対応した会計システムを既に開発し，事業別・施設別のコスト情報（セグメント情報といいます）を作成・開示しています。この点について，基準上では，各団体の取組に応じて行政目的別のものを附属明細書等で表示することが望まれるとしています（要領154）。

なお，費用・収益の表示区分について，これまでのモデルでは臨時の損失や利益を別にするルールはありませんでしたが，新しい基準では他の会計基準等を参考に，費用を「経常費用」と「臨時損失」に，収益を「経常収益」と「臨時利益」に区分し，「経常費用」，「経常収益」，「臨時損失」，「臨時利益」の順に表示することとしました（要領147）。

第 2 章　財務書類作成要領

　また,「行政コスト計算書」の収支尻として計算される「純行政コスト」は,「純資産変動計算書」に振替えられ,これと連動することとなります。

【図表 2-12】　行政コスト計算書　【様式第 2 号】

行政コスト計算書
自　平成　年　月　日
至　平成　年　月　日

（単位：百万円）

科目	金額
経常費用 　業務費用 　　人件費 　　　職員給与費 　　　賞与等引当金繰入額 　　　退職手当引当金繰入額 　　　その他 　　物件費等 　　　物件費 　　　維持補修費 　　　減価償却費 　　　その他 　　その他の業務費用 　　　支払利息 　　　徴収不能引当金繰入額 　　　その他 　移転費用 　　補助金等 　　社会保障給付 　　他会計への繰出金 　　その他 経常収益 　使用料及び手数料 　その他	
純経常行政コスト	
臨時損失 　災害復旧事業費 　資産除売却損 　投資損失引当金繰入額 　損失補償等引当金繰入額	

55

その他 　臨時利益 　　資産売却益 　　その他	
純行政コスト	

(2)　経常費用

155. 経常費用は，費用の定義に該当するもののうち，毎会計年度，経常的に発生するものをいいます。

156. 経常費用は，「業務費用」及び「移転費用」に分類して表示します。

157. 業務費用は，「人件費」，「物件費等」及び「その他の業務費用」に分類して表示します。

158. 人件費は，「職員給与費」，「賞与等引当金繰入額」，「退職手当引当金繰入額」及び「その他」に分類して表示します。

159. 職員給与費は，職員等に対して勤労の対価や報酬として支払われる費用をいいます。

160. 賞与等引当金繰入額は，賞与等引当金の当該会計年度発生額をいいます。

161. 退職手当引当金繰入額は，退職手当引当金の当該会計年度発生額をいいます。

163. 物件費等は，「物件費」，「維持補修費」，「減価償却費」及び「その他」に分類して表示します。

164. 物件費は，職員旅費，委託料，消耗品や備品購入費といった消費的性質の経費であって，資産計上されないものをいいます。

165. 維持補修費は，資産の機能維持のために必要な修繕費等をいいます。

166. 減価償却費は，一定の耐用年数に基づき計算された当該会計期間中の負担となる資産価値減少金額をいいます。

168. その他の業務費用は，「支払利息」，「徴収不能引当金繰入額」及び

第 2 章　財務書類作成要領

> 「その他」に分類して表示します。
> 169. 支払利息は，地方公共団体が発行している地方債等に係る利息負担金額をいいます。
> 170. 徴収不能引当金繰入額は，徴収不能引当金の当該会計年度発生額をいいます。
> 172. 移転費用は，「補助金等」，「社会保障給付」，「他会計への繰出金」及び「その他」に分類して表示します。
> 173. 補助金等は，政策目的による補助金等をいいます。
> 174. 社会保障給付は，社会保障給付としての扶助費等をいいます。
> 175. 他会計への繰出金は，地方公営事業会計に対する繰出金をいいます。

　本基準において費用とは，「一会計期間中の活動のために費消された，資産の流出もしくは減損，または負債の発生の形による経済的便益またはサービス提供能力の減少であって，純資産の減少原因をいう」と定義されています。これに対して，費用以外の主要な純資産減少原因として「固定資産等の増加」があります。

　費用のうち，毎会計年度，経常的に発生するものを「経常費用」といい，「経常費用」はさらに，「業務費用」と「移転費用」に分類されます（要領155，156）。

　このうち，「業務費用」は，「人件費」，「物件費」等の業務活動のために経常的に費消された経済資源の額を表します。

　人件費には，「職員給与費」，「賞与等引当金繰入額」，「退職手当引当金繰入額」等が含まれ，「賞与等引当金繰入額」，「退職手当引当金繰入額」は発生主義に基づき認識されるコストであり，翌期以降に支出が見込まれる賞与や退職手当のうち当期における発生分（引当分）を計算して計上します。

　物件費等には，消費的性質の「物件費」のほか，需用費のうちの修繕料や工事請負費のうち資産計上されない経費である「維持補修費」や，「減価償却費」が含まれます。ただし，委託料のうちの設計委託等と工事請負費のうち資産形

成支出として認識される部分は貸借対照表の資産に仕訳されるので注意が必要です。また，「減価償却費」は発生主義に基づき固定資産の減耗分として認識される期間コストで，資産の種類や耐用年数に応じて計算されます。

「その他の業務費用」には，地方債等に係る利息負担金額である「支払利息」，翌期以降に見込まれる徴収不能額を予測して当期における発生分（引当分）を計算し計上する「徴収不能引当金繰入額」等が含まれます。なお，「支払利息」は官庁会計では元本償還金と一括して表示されてきたものから利息部分だけを区分して，費用として認識するものです。

一方，「移転費用」は，他の団体や個人に対する移転支出に充てられた経済資源の額を表し，「補助金等」，「社会保障給付」，「他会計への繰出金」等に分類表示されます。このうち，「補助金等」に関しては附属明細書において，他団体による施設整備（所有外資産）に対する補助金とその他の政策目的の補助金に分類され，内容の明細が開示されます。また，「社会保障給付」には社会保障給付としての扶助費等が，「他会計への繰出金」には地方公営事業会計に対する繰出金が計上されます。

事業分野により「移転費用」の比率には大きな開きがありますから，「移転費用」と「業務費用」の区分は，セグメント情報のようなより詳細な情報が開示される場合に，各事業のコスト構造の違いをより明瞭に示します。

(3) 経常収益

> 177. 経常収益は，収益の定義に該当するもののうち，毎会計年度，経常的に発生するものをいいます。
> 178. 経常収益は，「使用料及び手数料」及び「その他」に分類して表示します。
> 179. 使用料及び手数料は，地方公共団体がその活動として一定の財・サービスを提供する場合に，当該財・サービスの対価として使用料・手数料の形態で徴収する金銭をいいます。

本基準において収益とは,「一会計期間中における活動の成果として,資産の流入もしくは増加,または負債の減少の形による経済的便益またはサービス提供能力の増加であって,純資産の増加原因をいう」と定義されています。

この定義から,前述のとおり,収益には,使用料等の対価性のある収入のみを計上することとし,税収等の直接的な対価性のない収入については,「行政コスト計算書」に計上せず,「純資産変動計算書」に計上することとなります。

収益のうち,毎会計年度,経常的に発生するものを「経常収益」といい,「経常収益」は,「使用料及び手数料」と「その他」に区分して表示します(要領177,178)。

なお,東京都や大阪府等が適用している会計基準では,原則として「行政コスト計算書」に一会計期間の税収を含めた全ての収入と費用を計上し,行政コストと税収等との期間の対応関係を示すことに重点を置くという考え方をとっています。これは,より企業会計や国際公会計基準(IPSAS)に近い考え方です。

本基準では,税収等の直接的な対価性のない収入については,「行政コスト計算書」に計上せず,「純資産変動計算書」に計上する考え方をとっていますが,IPSAS での取扱いとどう折り合いをつけて行くのかを含め,重要な論点として残る問題の一つです。

(4) 臨時損失・臨時利益

181. 臨時損失は,費用の定義に該当するもののうち,臨時に発生するものをいいます。
182. 臨時損失は,「災害復旧事業費」,「資産除売却損」,「投資損失引当金繰入額」,「損失補償等引当金繰入額」及び「その他」に分類して表示します。
183. 災害復旧事業費は,災害復旧に関する費用をいいます。
184. 資産除売却損は,資産の売却による収入が帳簿価額を下回る場合の

差額及び除却した資産の除却時の帳簿価額をいいます。
185. 投資損失引当金繰入額は，投資損失引当金の当該会計年度発生額をいいます。
186. 損失補償等引当金繰入額は，損失補償等引当金の当該会計年度発生額をいいます。
187. その他は，上記以外の臨時損失をいいます。なお，基準変更に伴う影響額の内訳について注記します。
188. 臨時利益は，収益の定義に該当するもののうち，臨時に発生するものをいいます。
189. 臨時利益は，「資産売却益」及び「その他」に分類して表示します。
190. 資産売却益は，資産の売却による収入が帳簿価額を上回る場合の差額をいいます。
191. その他は，上記以外の臨時利益をいいます。なお，基準変更に伴う影響額の内訳について注記します。

　「臨時損失」は，費用の定義に該当するもののうち臨時に発生するものをいい，その内容は「災害復旧事業費」，「資産除売却損」，「投資損失引当金繰入額」，「損失補償等引当金繰入額」等です。
　このうち，資産除却損は資産の除却時に損失を認識し，除却した資産の帳簿価額を計上するものです。また，資産売却損は資産の売却による収入が帳簿価額を下回る場合に損失を認識し，その差額を計上するものです。
　「臨時利益」は，収益の定義に該当するもののうち臨時に発生するものをいい，その内容は「資産売却益」等です。資産売却益は資産の売却による収入が帳簿価額を上回る場合に利益を認識し，その差額を計上するものです。

6　純資産変動計算書の作り方

(1)　総則

192. 純資産変動計算書は，会計期間中の地方公共団体の純資産の変動，すなわち政策形成上の意思決定またはその他の事象による純資産及びその内部構成の変動（その他の純資産減少原因・財源及びその他の純資産増加原因の取引高）を明らかにすることを目的として作成します。
193. 純資産変動計算書は，様式第3号のとおりとします。
194. 純資産変動計算書は，「純行政コスト」，「財源」，「固定資産等の変動（内部変動）」，「資産評価差額」，「無償所管換等」及び「その他」に区分して表示します。
195. 一会計期間中の経常的事業及び投資的事業の内訳に係る附属明細書を作成します。
196. 純資産変動計算書の附属明細書については様式第5号3のとおりとします。
197. (1) 財源の明細については，税収等及び国県等補助金の内訳を記載します。一般会計及び特別会計の金額の合計は純資産変動計算書における財源の金額と一致します。
198. 特別会計について，一般会計からの繰出金等については，既に相殺消去されているので記載されないことに留意してください。
199. (2) 財源情報の明細については，純行政コスト，有形固定資産等の増加，貸付金・基金等の増加及びその他における財源の内訳を記載します。このとき，国県等補助金の合計は純資産変動計算書における国県等補助金と一致します。一方，税収等の合計は純資産変動計算書における税収等とは，地方債の元本償還の計上の有無等により一致しません。

> 200. 減価償却費は，内訳におけるその他として，純行政コストの行に記載します。

新地方公会計では，開示すべきフロー情報（一会計期間の取引高）として，損益取引（費用及び収益）の情報だけでなく，純資産及び純資産内部の構成を変動させる損益外の取引（資本取引等）の情報も重視しています。

それは，公会計に期待される独自の役割として，主権者である住民・議会やその他の利害関係者が地方公共団体の予算等の政策形成上の意思決定を理解できるようにすること，そのために，財源獲得の情報や投資的事業への資源配分の情報をも適切に表示することが極めて重要とされるからです。

新地方公会計の「純資産変動計算書」は，純資産の変動に関するそのような拡張された情報を提供するため，「財源」その他の勘定を集約し，純資産残高の一会計期間の変動内訳として表示する計算書です（要領192）。

「純資産変動計算書」は，まず合計欄において，前年度末から引き継いだ「純資産合計」の残高を示し，続く行で一会計期間の「純行政コスト」とそれを賄う税収等の「財源」との差額，及び「資産評価差額」，「無償所管換等」等による変動額を示し，最後の行でそれらを加減した結果としての本年度末の「純資産合計」残高を示します。

さらに，「純資産変動計算書」は，【図表2-13】のとおり，「純資産合計」を「固定資産等形成分」と「余剰分（不足分）」とに二分したタテの列と，「固定資産等の変動」というヨコの行を追加することにより，当該会計期間中の投資的事業への資源配分の情報をも表示するように工夫されています（様式第3号）。

ここで，「固定資産等形成分」とは，地方公共団体が調達した資源を原則として金銭以外の形態（固定資産等）に充当して蓄積しているものをいい，具体的には貸借対照表の固定資産の額に流動資産における短期貸付金及び基金等を加えた額とされています。「純資産変動計算書」における「固定資産等形成分」の列は，まず前年度末の固定資産等の残高を示し，次に「固定資産等の変動」，

「資産評価差額」,「無償所管換等」等による変動額を示し,最後にそれらを加減した結果としての本年度末の固定資産等の残高を示します。

一方,「余剰分(不足分)」とは,地方公共団体が蓄積した資源のうち原則として金銭の形態をとるものをいいますが,計算上では「純資産合計」から「固定資産等形成分」を控除した残額となります。なお,「余剰分(不足分)」の残高は,地方公共団体の行った固定資産等の形成が蓄積した資源の総額を上回っている場合には負の値となる点に注意が必要です。

【図表2-13】 純資産変動計算書【様式第3号】

純資産変動計算書
自 平成 年 月 日
至 平成 年 月 日

(単位:百万円)

科目	合計	固定資産等形成分	余剰分(不足分)
前年度末純資産残高			
純行政コスト(△) 財源 　税収等 　国県等補助金			
本年度差額			
固定資産等の変動(内部変動) 　有形固定資産等の増加 　有形固定資産等の減少 　貸付金・基金等の増加 　貸付金・基金等の減少 資産評価差額 無償所管換等 その他			
本年度純資産変動額			
本年度末純資産残高			

(2) 純行政コスト

> 201. 純行政コストは，行政コスト計算書の収支尻である純行政コストと連動します。また，純資産変動計算書の各表示区分（固定資産等形成分及び余剰分（不足分））の収支尻は，貸借対照表の純資産の部の各表示区分（固定資産等形成分及び余剰分（不足分））と，純資産変動計算書の合計の収支尻は，貸借対照表の純資産合計と連動します。
> 202. 固定資産等の変動（内部変動）及びその内訳については，固定資産等形成分と余剰分（不足分）については，正負が必ず逆になります。

「純行政コスト」は，「行政コスト計算書」の収支尻である「純行政コスト」と連動しています。ただし，「純資産変動計算書」では純行政コストは純資産残高の減少要因ですので，負の符号をつけて表示されます。

また，「純資産変動計算書」の収支尻である「本年度末純資産残高」は，貸借対照表の「純資産合計」と連動します。さらに，純資産を2つに区分した「固定資産等形成分」及び「余剰分（不足分）」の収支尻も，「貸借対照表」の「純資産の部」の内訳表示と繋がります。

なお，前述の「固定資産等の変動」の行については，純資産内部の変動を示すものであるため，その「固定資産等形成分」の列と「余剰分（不足分）」の列とは絶対値が同じで符号の逆転した数値になります（要領202）。

(3) 財源

> 203. 財源は，「税収等」及び「国県等補助金」に分類して表示します。
> 204. 税収等は，地方税，地方交付税及び地方譲与税等をいいます。
> 205. 国県等補助金は，国庫支出金及び都道府県支出金等をいいます。

「財源」は，「税収等」及び「国県等補助金」に分類して表示されます。

このうち，「税収等」には，地方税，地方交付税及び地方譲与税等の税と名の付く項目が当然に含まれますが，強制的な賦課の性格を持つその他の収入項

目，たとえば分担金及び負担金もここに仕訳されるので注意が必要です。

また，「国県等補助金」は，国庫支出金と都道府県等支出金等に分類されます。

財源では，例えば当該年度の財政運営あるいは個別の固定資産の形成等にどの財源が用いられたのか（一般財源（税収等）が多く用いられたのか，国県等補助金が活用されたのか等）といった，より詳細情報にニーズがあります。

そこで，附属明細書の「財源の明細」においては「財源」の細区分や補助目的等の内容が開示され，同じく「財源情報の明細」においては資金の使途区分に応じ「財源（税収等及び国県等補助金）」のほか，地方債，その他（減価償却費等）も含めた資金調達総額が開示されます【図表2-14】。

【図表2-14】 純資産変動計算書の内容に関する明細【様式第5号3】

(1) 「財源の明細」

(単位：　)

会計	区分	財源の内容		金額
一般会計	税収等	地方税		
		地方交付税		
		地方譲与税		
		・・・・		
		小計		
	国県等補助金	資本的補助金	国庫支出金	
			都道府県等支出金	
			・・・・	
			計	
		経常的補助金	国庫支出金	
			都道府県等支出金	
			・・・・	
			計	
		小計		

65

	合計	
特別会計		
・・・・		

(2) 「財源情報の明細」

（単位： ）

区分	金額	内訳			
		国県等補助金	地方債	税収等	その他
純行政コスト					
有形固定資産等の増加					
貸付金・基金等の増加					
その他					
合計					

(4) 固定資産等の変動（内部変動）

206. 固定資産等の変動（内部変動）は，「有形固定資産等の増加」，「有形固定資産等の減少」，「貸付金・基金等の増加」及び「貸付金・基金等の減少」に分類して表示します。

207. 有形固定資産等の増加は，有形固定資産及び無形固定資産の形成による保有資産の増加額または有形固定資産及び無形固定資産の形成のために支出（または支出が確定）した金額をいいます。

208. 有形固定資産等の減少は，有形固定資産及び無形固定資産の減価償却費相当額及び除売却による減少額または有形固定資産及び無形固定資産の売却収入（元本分），除却相当額及び自己金融効果を伴う減価償却費相当額をいいます。

209. 貸付金・基金等の増加は，貸付金・基金等の形成による保有資産の増加額または新たな貸付金・基金等のために支出した金額をいいます。

> 210. 貸付金・基金等の減少は，貸付金の償還及び基金の取崩等による減少額または貸付金の償還収入及び基金の取崩収入相当額等をいいます。

「固定資産等の変動（内部変動）」は，前述のとおり，純資産変動計算書が資産形成への財源の充当状況までを表示しようとするために，純資産変動計算書に取り込まれた表示区分です。

「固定資産等の変動（内部変動）」は，さらに，「有形固定資産等の増加」，「有形固定資産等の減少」，「貸付金・基金等の増加」及び「貸付金・基金等の減少」の4つに分類され，そのそれぞれに，増減額を示す「固定資産等形成分」と，それに見合う絶対値が同じで符号の逆転した数値を記載する「余剰分（不足分）」の欄があります。なお，この部分の作成は仕訳によらず，財務データから別途計算します。

このうち，「有形固定資産等の増加」の「固定資産等形成分」には，有形固定資産及び無形固定資産の取得による増加額が記載され，隣の「余剰分（不足分）」には，そのための支出額として同じ絶対値の負の額が記載されます。

一方，「有形固定資産等の減少」の「固定資産等形成分」には，有形固定資産及び無形固定資産の売却や除却による減少額と減価償却費相当額の合計が記載され，同じ絶対値の負の額が記載される隣の「余剰分（不足分）」は，売却収入の元本分（売却損益部分を除いた売却資産の帳簿価額相当額），除却相当額及び自己金融効果を伴う減価償却費相当額の合計を意味するところとなります。

また，「貸付金・基金等の増加」の「固定資産等形成分」には，貸付金・基金等の形成による保有資産の増加額が記載され，「余剰分（不足分）」は新たな貸付金・基金等のために支出した金額を意味します。

さらに，「貸付金・基金等の減少」の「固定資産等形成分」には，貸付金の償還及び基金の取崩等による減少額が記載され，「余剰分（不足分）」は貸付金の償還収入及び基金の取崩収入相当額等を意味します。

このように，「固定資産等形成分」欄では，純資産の一部が固定資産等に転

化したり，再び回収されたりする動きが表示されます。

(5) その他の項目

> 211. 資産評価差額は，有価証券等の評価差額をいいます。
> 212. 無償所管換等は，無償で譲渡または取得した固定資産の評価額等をいいます。
> 213. その他は，上記以外の純資産及びその内部構成の変動をいいます。

「純資産変動計算書」にはそのほか，「資産評価差額」，「無償所管換等」等の項目があります。

「資産評価差額」は，有価証券等の資産について時価評価等の評価替えが行われ，評価差額が発生した場合に現れます。また，「無償所管換等」には，地方公共団体に対し他の団体や個人から固定資産が無償で譲渡されたり，あるいは部門間で固定資産の所管が変更となるようなケースで，地方公共団体が取得したり譲渡した固定資産の評価額等を記載します。これらの事象や取引も純資産の額を変動させます。

7　資金収支計算書の作り方

(1) 総則

> 214. 資金収支計算書は，地方公共団体の資金収支の状態，すなわち地方公共団体の内部者（首長，議会，補助機関等）の活動に伴う資金利用状況及び資金獲得能力を明らかにすることを目的として作成します。
> 215. 統一的な基準においては，資金収支計算書の作成（会計処理）及び表示ともに直接法を採用しています。
> 216. 資金収支計算書は，様式第4号のとおりとします。
> 217. 資金収支計算書は，「業務活動収支」，「投資活動収支」及び「財務活

動収支」の三区分により表示します。

218. 歳計外現金は，資金収支計算書の資金の範囲には含めません。ただし，本表の欄外注記として，前年度末歳計外現金残高，本年度歳計外現金増減額，本年度末歳計外現金残高及び本年度末現金預金残高を表示します。

219. 資金収支計算書の収支尻（本年度末資金残高）に本年度末歳計外現金残高を加えたもの（本年度末現金預金残高）は，貸借対照表の資産の部の現金預金勘定と連動します。

220. 資金収支計算書の附属明細書については様式第5号4のとおりとします。

221. （1）資金の明細については，資金の内訳とそれぞれの本年度末残高を記載します。本年度末残高の合計は資金収支計算書における本年度末残高と一致します。

「資金収支計算書」は，地方公共団体の資金収支の状態，すなわち地方公共団体の活動に伴う外部への資金の流出と，外部からの資金の流入の状況を明らかにすることを目的として作成される財務書類です（214項）。この「資金収支計算書」の考え方と表示方法は，企業会計において作成される「キャッシュ・フロー計算書」のそれを基本としています。

ここで，資金とは，現金（手許現金及び要求払預金）及び現金同等物のことをいいます。そのうち現金同等物とは，一般的には「容易に換金可能であり，かつ，価値の変動について僅少なリスクしか負わない短期投資」をいいますが，地方公共団体においては各団体が資金管理方針等で歳計現金等の保管方法として定めた預金を意味します。

加えて，地方公共団体の場合の現金同等物の概念には，「出納整理期間中の取引により発生する資金の受払い」も含むこととなります。

なお，この資金の残高は，「貸借対照表」においては「歳計外現金」も含めて「現金預金」として表示されます。

一方，「資金収支計算書」においては，「歳入歳出決算書」の歳入歳出金額との整合性を保つため，資金の範囲を「歳計現金（地方自治法第235条の4に定める地方公共団体の歳入歳出に属する現金をいいます。）」に限定し，「歳計外現金（地方公共団体が一時的に保管しているだけでその所有に属さない現金をいいます。なお，歳計外現金の受払は歳入歳出決算には含まれません。）」は範囲には含めないこととしています。

　ところで，資金収支計算書を作成・表示する方法には，直接法と間接法という2つの方法があります。ここで直接法とは，資金増減の直接の原因ごとに資金の収支を把握し表示するやり方であり，間接法とは，他の資産や負債の変動の結果から間接的に資金の変動を把握し表示するやり方です。

　公会計では，財源等の資金がどこにどれだけ使われたかを直接把握することが重要であり，それに適する直接法が一般的に採用されています。他方，企業会計では実務上，間接法によるキャッシュ・フロー計算書の作成の方が直接法によるよりも簡便な場合が多く，間接法が多く採用されています。

　本基準でも【図表2-15】のとおり，「資金収支計算書」は直接法により作成・表示されています（要領215，216，様式第4号）。

　また，本基準では，仕訳上，資産「現金預金」を同計算書の各勘定科目に置き換えて処理することとしている点にも留意しておく必要があります。この処理方法によって，「資金収支計算書」を仕訳表から直接かつ効率的に作成することができます。

　「資金収支計算書」のミソは，地方公共団体の一会計期間における行政活動に伴う現金等の資金の流れを，性質の異なる3つの活動に分けて表示するところです。その三区分とは，「業務活動収支」，「投資活動収支」及び「財務活動収支」です（要領217）。

　このように，「資金収支計算書」は，地方公共団体の一会計期間の歳計現金の残高及び流出入に係る情報を，様々な細区分に分類して提供するものですので，「歳入歳出決算書」に慣れ親しんだ人には最も理解しやすい財務書類ではないでしょうか。

第2章 財務書類作成要領

とはいえ,「資金収支計算書」は,発生主義の考え方に立つ他の財務書類と有機的に結合し,体系的に作成されるところに意義があります。そもそも,発生主義会計制度は,発生主義で認識される要素と資金収支の明細の双方を記録するものであり,発生主義の考え方に立つからといって,現金主義制度で入手できる情報を排除するものではないことを理解いただきたいと思います。

なお,「歳計外現金」については,本表の欄外に「前年度末歳計外現金残高」,「歳計外現金増減額」,「本年度末歳計外現金残高」を注記することとしています。さらに,「本年度末歳計外現金残高」に「資金収支計算書」の収支尻(本年度末資金残高)を加えたものを「本年度末現金預金残高」として最終行に表示します(要領218)。この残高は,「貸借対照表」の「現金預金」勘定に連動します。

【図表2-15】 資金収支計算書【様式第4号】

資金収支計算書
自 平成 年 月 日
至 平成 年 月 日

(単位:百万円)

科目	金額
【業務活動収支】	
業務支出	
業務費用支出	
人件費支出	
物件費等支出	
支払利息支出	
その他の支出	
移転費用支出	
補助金等支出	
社会保障給付支出	
他会計への繰出支出	
その他の支出	
業務収入	
税収等収入	
国県等補助金収入	
使用料及び手数料収入	
その他の収入	
臨時支出	
災害復旧事業費支出	

その他の支出	
臨時収入	
業務活動収支	
【投資活動収支】	
投資活動支出	
公共施設等整備費支出	
基金積立金支出	
投資及び出資金支出	
貸付金支出	
その他の支出	
投資活動収入	
国県等補助金収入	
基金取崩収入	
貸付金元金回収収入	
資産売却収入	
その他の収入	
投資活動収支	
【財務活動収支】	
財務活動支出	
地方債償還支出	
その他の支出	
財務活動収入	
地方債発行収入	
その他の収入	
財務活動収支	
本年度資金収支額	
前年度末資金残高	
本年度末資金残高	

前年度末歳計外現金残高	
本年度歳計外現金増減額	
本年度末歳計外現金残高	
本年度末現金預金残高	

（2） 業務活動収支

222. 業務活動収支は、「業務支出」、「業務収入」、「臨時支出」及び「臨時収入」に分類して表示します。
223. 業務支出は、「業務費用支出」及び「移転費用支出」に分類して表示します。
224. 業務費用支出は、「人件費支出」、「物件費等支出」、「支払利息支出」及び「その他の支出」に分類して表示します。
229. 移転費用支出は、「補助金等支出」、「社会保障給付支出」、「他会計への繰出支出」及び「その他の支出」に分類して表示します。
234. 業務収入は、「税収等収入」、「国県等補助金収入」、「使用料及び手数料収入」及び「その他の収入」に分類して表示します。
236. 国県等補助金収入は、国県等補助金のうち、業務支出の財源に充当した収入をいいます。
239. 臨時支出は、「災害復旧事業費支出」及び「その他の支出」に分類して表示します。
240. 災害復旧事業費支出は、災害復旧事業費に係る支出をいいます。

「業務活動収支」の区分には、地方公共団体の経常活動に伴い、継続的に発生する資金収支を表示します。実際には、投資活動及び財務活動に該当しないものは全てここに計上します。

「業務活動収支」は、「業務支出」、「業務収入」、「臨時支出」及び「臨時収入」に分類して表示します。「行政コスト計算書」の表示項目との違いは、各項目名の後ろに「支出」または「収入」の文字が付け加わっている点で、これにより資金収支（現金の受領及び支払）の状態を表すことを示しています。

また、前述のとおり、「使用料及び手数料収入」等の「収益」は「行政コスト計算書」に計上され、税収、補助金等の直接的な対価性のない収入については「純資産変動計算書」に「財源」として計上されますが、「資金収支計算書」においては、「業務活動収支」「業務収入」の内訳項目として、「税収等収入」、

「国県等補助金収入」と「使用料及び手数料収入」とが並んで表示されます。

ただし，「業務活動収支」における「国県等補助金収入」には，国県等補助金のうち業務支出の財源に充当した収入のみが計上される点には注意が必要です。

また，本基準では，「支払利息支出」は業務費用支出に分類表示されています。この点，「支払利息支出」の表示区分については，実は2つの考え方があります。1つは「業務活動収支」区分に含めて表示するという考え方，もう1つは，以前の「基準モデル」が採用していた「財務活動収支」区分に含めて表示する考え方です。

「支払利息支出」を「財務活動収支」区分に含める考え方の長所は，地方公共団体の基礎的財政収支（プライマリー・バランス）を，「資金収支計算書」の「業務活動収支」と「投資活動収支」の合計額として簡単に把握できるという点です。一方，「支払利息支出」を「業務活動収支」区分に含める考え方の長所は，「資金収支計算書」の「業務活動収支」区分が「行政コスト計算書」の考え方とも整合的となり，「業務活動収支」と「純行政コスト」を比較するなどの観点から有用であるという点です。

これらの点を検討した結果，「支払利息支出」は業務費用支出に分類されることになりました。なお，基礎的財政収支については，注記で明らかにすることとなっています。

(3) 投資活動収支

> 243. 投資活動収支は，「投資活動支出」及び「投資活動収入」に分類して表示します。
>
> 244. 投資活動支出は，「公共施設等整備費支出」，「基金積立金支出」，「投資及び出資金支出」，「貸付金支出」及び「その他の支出」に分類して表示します。
>
> 245. 公共施設等整備費支出は，有形固定資産等の形成に係る支出をいい

第2章　財務書類作成要領

> 250. 投資活動収入は，「国県等補助金収入」，「基金取崩収入」，「貸付金元金回収収入」，「資産売却収入」及び「その他の収入」に分類して表示します。
> 251. 国県等補助金収入は，国県等補助金のうち，投資活動支出の財源に充当した収入をいいます。
> 252. 基金取崩収入は，基金取崩による収入をいいます。

「投資活動収支」の区分には，地方公共団体の資本形成活動に伴い，臨時・特別に発生する資金収支を表示します。具体的には，固定資産の取得及び売却並びにその財源としての国庫支出金等の受入，資金の貸付及びその回収，出資金等の投資及び売却並びに基金の積立及び取崩等に関するものを計上します。

「投資活動収支」のうち，支出は，「公共施設等整備費支出」，「基金積立金支出」，「投資及び出資金支出」，「貸付金支出」及び「その他の支出」に分類され，それぞれ有形固定資産等の形成，基金積立，投資及び出資金，貸付金及びその他の投資活動に係る支出が計上されます。

「純資産変動計算書」では，それぞれの固定資産等に対して支出（または支出が確定）した金額は，「固定資産等の変動（内部変動）」区分の「有形固定資産等の増加」または「貸付金・基金等の増加」として表示されますが，「資金収支計算書」では，それらのうち資金収支（現金の受領）を伴うものが一会計期間における資金収支（現金の支払）として「投資活動支出」にまとめて表示されます。

一方，収入は，「国県等補助金収入」，「基金取崩収入」，「貸付金元金回収収入」，「資産売却収入」及び「その他の収入」に分類され，そのうち「国県等補助金収入」には，国県等補助金のうち，投資活動支出の財源に充当した収入のみが計上されます。

「純資産変動計算書」では，それぞれの固定資産等に係る減価償却費相当額，売却収入，償還収入，取崩収入相当額等が，「固定資産等の変動（内部変動）」

75

区分の「有形固定資産等の減少」または「貸付金・基金等の減少」に分類表示されますが，そのうち資金収支（現金の受領）を伴うものが「資金収支計算書」の「投資活動収入」に表示されることになります。

(4) 財務活動収支

> 256. 財務活動収支は，「財務活動支出」及び「財務活動収入」に分類して表示します。
> 257. 財務活動支出は，「地方債償還支出」及び「その他の支出」に分類して表示します。
> 258. 地方債償還支出は，地方債に係る元本償還の支出をいいます。
> 260. 財務活動収入は，「地方債発行収入」及び「その他の収入」に分類して表示します。
> 261. 地方債発行収入は，地方債発行による収入をいいます。

「財務活動収支」の区分には，地方公共団体の負債の管理に係る資金収支を表示します。具体的には，地方債の発行等の資金の調達及びその元本償還等を計上します。「財務活動収支」は，地方債に係る元本償還額等を示す「財務活動支出」と，地方債発行による収入額等を示す「財務活動収入」からなります。

なお，地方債発行等による資金調達とその償還は，「負債」の増加または減少であり，「収益」でも「費用」でもなく，「純資産」の増加または減少でもないことから，「行政コスト計算書」や「純資産変動計算書」には表示されません。

8 注記の作り方

(1) 注記—重要な会計方針等

Ⅴ 注記

1 重要な会計方針

263. 財務書類作成のために採用している会計処理の原則及び手続並びに表示方法その他財務書類作成のための基本となる次に掲げる事項を記載します。

①有形固定資産等の評価基準及び評価方法
②有価証券等の評価基準及び評価方法
③有形固定資産等の減価償却の方法
④引当金の計上基準及び算定方法
⑤リース取引の処理方法
⑥資金収支計算書における資金の範囲
⑦その他財務書類作成のための基本となる重要な事項

2 重要な会計方針の変更等

264. 重要な会計方針を変更した場合には，次に掲げる事項を「重要な会計方針」の次に記載しなければなりません。

①会計処理の原則または手続を変更した場合には，その旨，変更の理由及び当該変更が財務書類に与えている影響の内容
②表示方法を変更した場合には，その旨
③資金収支計算書における資金の範囲を変更した場合には，その旨，変更の理由及び当該変更が資金収支計算書に与えている影響の内容

3 重要な後発事象

265. 会計年度終了後，財務書類を作成する日までに発生した事象で，翌年度以降の地方公共団体の財務状況等に影響を及ぼす後発事象のうち，

> 次に掲げるものを記載します。（略）
> 4　偶発債務
> 266. 会計年度末においては現実の債務ではないが，将来，一定の条件を満たすような事態が生じた場合に債務となるもののうち，次に掲げるものを記載します。
> 　①保証債務及び損失補償債務負担の状況（総額，確定債務額及び履行すべき額が確定していないものの内訳（貸借対照表計上額及び未計上額））
> 　②係争中の訴訟等で損害賠償等の請求を受けているもの
> 　③その他主要な偶発債務

　注記とは，一般的に，情報利用者に対して報告主体の財務に関する状況をより明瞭に表示するために，補足説明として財務諸表等に付記されるものです。

　注記には，会計方針に関するもの，後発事象に関するもの等，財務諸表等に注記すべきものとして規則等で具体的に規定している事項とそれ以外のものがあります。「注記」については，①重要な会計方針，②重要な会計方針の変更等，③重要な後発事象，④偶発債務の事項が財務に関する基礎的な情報として記載されることとされています。これらは，企業会計原則等においても共通して記載の求められている事項です。

　なお，重要な後発事象については，地方公共団体の財務状況等に影響を及ぼすものとして，①主要な業務の改廃，②組織・機構の大幅な変更，③地方財政制度の大幅な改正，④重大な災害等の発生，の4つが例示されています。

(2)　注記―追加情報

> 5　追加情報
> 267. 財務書類の内容を理解するために必要と認められる次に掲げる事項を記載します。

①対象範囲（対象とする会計名）

②一般会計等と普通会計の対象範囲等の差異

③出納整理期間について，出納整理期間が設けられている旨（根拠条文を含みます。）及び出納整理期間における現金の受払等を終了した後の計数をもって会計年度末の計数としている旨

④表示単位未満の金額は四捨五入することとしているが，四捨五入により合計金額に齟齬が生じる場合は，その旨

⑤地方公共団体の財政の健全化に関する法律における健全化判断比率の状況

⑥利子補給等に係る債務負担行為の翌年度以降の支出予定額

⑦繰越事業に係る将来の支出予定額

⑧その他財務書類の内容を理解するために必要と認められる事項

268．また，貸借対照表に係るものとして次の⑨から⑱までに掲げる事項を，行政コスト計算書に係るものとして次の⑲に掲げる事項を，資金収支計算書に係るものとして次の⑳から㉗までに掲げる事項をあわせて記載します。なお，前年度末歳計外現金残高，本年度歳計外現金増減額，本年度末歳計外現金残高及び本年度末現金預金残高について，資金収支計算書の欄外に記載します。

⑨基準変更による影響額等（開始貸借対照表を作成しない場合。ただし，既に財務書類を作成しているが開始貸借対照表を作成する場合であっても注記することが望まれます。）

⑩売却可能資産に係る資産科目別の金額及びその範囲

⑪減価償却について直接法を採用した場合，当該各有形固定資産の科目別または一括による減価償却累計額

⑫減債基金に係る積立不足の有無及び不足額

⑬基金借入金（繰替運用）の内容

⑭地方交付税措置のある地方債のうち，将来の普通交付税の算定基礎である基準財政需要額に含まれることが見込まれる金額

⑮将来負担に関する情報(地方公共団体財政健全化法における将来負担比率の算定要素)

⑯地方自治法第234条の３に基づく長期継続契約で貸借対照表に計上されたリース債務金額

⑰管理者と所有者が異なる指定区間外の国道や指定区間の一級河川等及び表示登記が行われていない法定外公共物の財務情報(土地・償却資産別の取得価額等及び減価償却累計額)(地方公共団体の資産としては計上しないものの,公共施設等のマネジメントの観点から,注記することが望まれます。)

⑱道路,河川及び水路の敷地について,基準モデル等に基づいた評価を当該評価額とした場合は,「資産評価及び固定資産台帳整備の手引き」63段落による評価額

⑲基準変更による影響額の内訳(開始貸借対照表を作成しない場合)

⑳純資産における固定資産等形成分及び余剰分(不足分)の内容

㉑基礎的財政収支

㉒既存の決算情報との関連性(上記で示した「②一般会計等と普通会計の対象範囲等の差異」に係るものを除きます。)

㉓資金収支計算書の業務活動収支と純資産変動計算書の本年度差額との差額の内訳

㉔一時借入金の増減額が含まれていない旨並びに一時借入金の限度額及び利子の金額

㉕重要な非資金取引

　追加情報とは,財務諸表等に注記すべきものとして規則等で具体的に規定しているもの以外の注記による情報をいい,情報利用者が報告主体の財務に関する状況について適正な判断を行うために追加的に必要と認められる情報のことです。

　地方公共団体の財務書類の内容を理解するためには,対象とする会計の範囲

や，出納整理期間について，また地方公共団体財政健全化法における健全化判断比率の状況などの追加情報が必要です。さらに，売却可能資産に係る金額についての情報や，基礎的財政収支についての情報も必要性が高いです。

　そこで，これらの情報が財務書類への「注記」として，前述の一般的な注記事項に追加して記載されることとなりました。

第3章　資産評価及び固定資産台帳整備の手引き

1　固定資産台帳の整備目的

2．固定資産台帳とは，固定資産を，その取得から除売却処分に至るまで，その経緯を個々の資産ごとに管理するための帳簿で，所有するすべての固定資産（道路，公園，学校，公民館等）について，取得価額，耐用年数等のデータを網羅的に記載したものです。

　固定資産は，1年限りで費消される費用と異なり，その資産が除売却されるまで長期にわたり行政サービス等に利用されることから，会計上の価額管理を行う必要があり，統一的な基準では，その現在高は貸借対照表（償却資産は，原則として取得価額等と減価償却累計額を表示）に，その期中の増減は純資産変動計算書に表示されます。

3．現行制度上，各地方公共団体では，「地方自治法」（略）に規定する公有財産を管理するための公有財産台帳や個別法に基づく道路台帳等の各種台帳を備えることとなっていますが，これらの台帳は，主に数量面を中心とした財産の運用管理，現状把握を目的として備えることとされており，資産価値に係る情報の把握が前提とされていない点で固定資産台帳と異なります。また，これらの台帳を個々に備えることとなっているものの，すべての固定資産を網羅する台帳は整備することとなっていないのが現状です。（固定資産台帳と公有財産台帳の主な相違点については，「別紙1」参照）

4．固定資産は，地方公共団体の財産の極めて大きな割合を占めるため，地方公共団体の財政状況を正しく把握するためには，正確な固定資産に係る情報が不可欠です。

5．今後，すべての地方公共団体に適用する統一的な基準による財務書類等の作成にあたっては，自団体の資産の状況を正しく把握することや，他団体との比較可能性を確保することが重要になることから，各地方公共団体の財政状況を表す財務書類の作成に必要な情報を備えた補助簿として固定資産台帳を整備する必要があります。また，将来世代と現世代の負担公平性に関する情報や施設別・事業別等のセグメント別の財務情報をあわせて示すこと等により，個別の行政評価や予算編成，公共施設の老朽化対策等に係る資産管理等といった活用につなげるためにも，同台帳の整備は重要であり，民間事業者によるPPP／PFI事業への参入促進にもつながると考えられます。上記の観点等から，固定資産台帳については，公表を前提とすることとします。

6．さらに，固定資産台帳は，総務省が策定を要請している「公共施設等総合管理計画」に関連して，公共施設等の維持管理・修繕・更新等に係る中長期的な経費の見込みを算出することや，公共施設等の総合的かつ計画的な管理に関する基本的な方針等を充実・精緻化することに活用することも考えられます。

　本章では，「資産評価及び固定資産台帳整備の手引き」（以下，本章においては『手引き』といいます。）について解説します。

　固定資産台帳は，所有する全ての固定資産について，取得価額や耐用年数等のデータを網羅的に記載したものです。固定資産台帳を整備する意義としては，地方公会計の基礎資料となるだけでなく，その整備により，公共施設等の維持管理・修繕・更新等に係る中長期的な経費の見込みを算出することや，公共施設等総合管理計画を充実・精緻化することに活用することも可能となります。さらに，固定資産台帳を公表することで，民間企業からPPP／PFIに関する積極的な提案がなされることも期待されています（Q&A3(2)-1）。

第3章　資産評価及び固定資産台帳整備の手引き

1　固定資産台帳と公有財産台帳の主な相違点

「固定資産台帳」とは，所有するすべての固定資産を，その取得から除売却処分に至るまで，その経緯を個々の資産ごとに取得価額，耐用年数等のデータを網羅的に記載し，管理するための帳簿です。財務書類作成の基礎となる補助簿の役割を果たすとともに地方公共団体の保有する財産（固定資産）の適切な管理及び有効活用に役立ちます。一方，現在各自治体では，公有財産に係る決算の参考書類として調製される『財産に関する調書（地方自治法で規定）』のために「公有財産台帳」を整備・管理しており，主に【図表3-1】の点において固定資産台帳と相違します（資産評価等の手引き「別紙1」を一部修正）。

2　PPP／PFI

PPP（パブリック・プライベート・パートナーシップ）とは，最も有効性のある効率的な公共サービスの担い手になり得るのは誰かという視点から，公共サービスについて多様な構成主体との連携により提供していくものであり，民間委託，PFI，指定管理者制度，民営化，地域協働，産学官連携等を含めた官民連携手法の総称です。

「地方行政サービス改革の推進に関する留意事項について（平成27年8月総

【図表3-1】　公有財産台帳と固定資産台帳の相違

	公有財産台帳	固定資産台帳
管理の主眼	財産の保全，維持，使用，収益等を通じた現物管理	会計と連動した現物管理
対象資産の範囲	建物・土地・備品等が中心（道路，河川などは同台帳上に整備されていない）	すべての固定資産
資本的支出と修繕費	明確な区分なし	区分あり
付随費用	明確な区分なし	区分あり
金額情報	なし（原則）	あり
減価償却	なし	あり

務大臣通知)」によれば，PPP／PFI の拡大に関して，『「PPP／PFI の抜本改革に向けたアクションプラン（平成 25 年 6 月 6 日民間資金等活用事業推進会議決定)」に基づき，公共施設等運営権制度の積極的導入や公共施設の維持更新・集約化等への PPP／PFI 手法の導入等を推進することとしているので，PPP／PFI 事業の円滑な実施の促進に努めていただきたい。』とされています。

（出典；総務省 http://www.soumu.go.jp/main_content/000374975.pdf など）

3　公共施設等の総合的かつ計画的な管理の推進について（平成 26 年 4 月総務大臣通知）の要旨

①我が国においては，公共施設等の老朽化対策が大きな課題となっている。

②国においては，「経済財政運営と改革の基本方針～脱デフレ・経済再生～」（平成 25 年 6 月閣議決定）における「インフラの老朽化が急速に進展する中，「新しく造ること」から「賢く使うこと」への重点化が課題である」との認識のもと，平成 25 年 11 月には「インフラ長寿命化基本計画」が策定されている。

③地方公共団体においても，厳しい財政状況・人口減少等により公共施設等の利用需要が変化していくことが予想されることを踏まえ，国の動きと歩調をあわせ，早急に公共施設等の全体の状況を把握し，長期的な視点をもって，更新・統廃合・長寿命化などを計画的に行うことにより，財政負担を軽減・平準化するとともに，公共施設等の最適な配置を実現することが必要となっている。

④よって，速やかに公共施設等の総合的かつ計画的な管理を推進するための計画（公共施設等総合管理計画）の策定に取り組む。

なお，総務省の調査では，平成 27 年 4 月 1 日現在，全都道府県・市区町村において，公共施設等総合管理計画を策定予定であり，平成 28 年度までには，都道府県及び指定都市は全団体，その他の市区町村においても 98.4％の団体において，公共施設等総合管理計画の策定が完了する，と各自治体から回答を得ていると記載されています。

2　固定資産台帳の記載項目

> 11. 固定資産台帳の記載項目については，すべての地方公共団体において同台帳の整備を進める観点から，財務書類作成のための補助簿としての機能を有するための必要最小限の項目を基本とします。
> 12. 固定資産台帳が財務書類作成のための補助簿の役割を果たす以上，財務書類に計上される項目の内訳が算出できるようになっていなければなりませんが，具体的には，1資産単位ごとに，勘定科目，件名，取得年月日，取得価額等，耐用年数，減価償却累計額，帳簿価額，数量（（延べ床）面積）等の情報を備えることとします。なお，これらの情報は，資産管理の目的にも必要なものと考えられます。
> 13. 個々の固定資産台帳の記載項目については，「固定資産台帳の記載項目の例」（「別紙2」参照）のとおりとし，原則として「①基本項目」を備えることとします。
> 17. 以上をまとめると，固定資産台帳の記載項目については，原則として「別紙2」の「①基本項目」を備えることとしますが，実際に資産を管理・活用する所管部署が資産管理のためにどのような情報を必要とするか等によって追加する項目を決めていくことがポイントとなると考えられます。

1　固定資産台帳の記載項目（手引き「別紙2」）

　固定資産台帳の記載項目の例示は【図表3-2】下記図表のとおりです。なお，例示どおりの整備が求められるかについては，「①基本項目」は原則として記載する必要があり，「②追加項目」は各自治体の判断による任意の記載ですが，活用の幅を広げるために実情に応じ追加等することが適当です（Q&A3(2)-3）。また，「②追加項目」で明示されている「長寿命化履歴」には，長寿命化工事

の有無,実施時期,関連する台帳番号等を記載することが考えられます(Q&A3(2)-4)。

【図表3-2】 固定資産台帳の記載項目の例

	新地方公会計モデル(*1)		①基本項目(*2)	項目の説明	②追加項目(*3)
1	番号		番号	資産の番号	
2	枝番		枝番	同一の資産について計上を区分したい場合等の枝番	
3			所在地	資産の所在地	
4	所属(部局等)		所属(部局等)	資産を管理している主たる管理部署	
5	勘定科目(種目・種別)		勘定科目(種目・種別)	適用する勘定科目	
6	件名(施設名)		件名(施設名)	資産の名称	
7	リース区分		リース区分	所有物かリース資産であるかの区分	
8	耐用年数分類(構造)		耐用年数分類(構造)	適用する耐用年数の種類	
9	耐用年数		耐用年数	適用する耐用年数の年数	
10	取得年月日		取得年月日	取得した年月日	
11	供用開始年月日		供用開始年月日	供用開始した年月日	
12	取得価額・取得価額相当額		取得価額等	取得価額等	
13			所有割合	当該資産について保有している所有権の割合	
14	増減異動日付		増減異動日付	前年度から資産が増減した場合の日付	
15	増減異動前簿価		増減異動前簿価	資産の増減を反映する前の簿価(期首簿価)	
16	増減異動事由		増減異動事由	増減が異動した事由	

第 3 章　資産評価及び固定資産台帳整備の手引き

17	今回増加額		今回増加額		異動により増額した金額(18～23 の合計)	
18	今回増加内訳	有償取得額	今回増加内訳	有償取得額	有償で取得した増分の金額	
19		無償所管換増分		無償所管換増分	無償で所管換した増分の金額	
20		その他無償取得分		その他無償取得分	その他無償で取得した増分の金額	
21		調査判明増分		調査判明増分	年度内調査により新たに判明した増分の金額	
22		振替増額		振替増額	別科目から振替した増分の金額	
23		評価等増額		評価等増額	再評価等を行った増分の金額	
24	今回減少額		今回減少額		異動により減額した金額(25～31 の合計)	
25	今回減少内訳	除却額	今回減少内訳	除却額	除売却した減分の金額	
26		無償所管換減分		無償所管換減分	無償で所管換した減分の金額	
27		その他無償譲渡分		その他無償譲渡分	その他無償で譲渡した減分の金額	
28		誤記載減少分		誤記載減少分	年度内調査により新たに判明した減分の金額	
29		振替・分割減額		振替・分割減額	別科目から振替した減分の金額	
30		減価償却額		減価償却額	当年度の減価償却費相当額	
31		評価等減額		評価等減額	評価等減額	
32	増減異動後簿価		増減異動後簿価（期末簿価）		増減異動後簿価（期末簿価）	
33			会計区分		資産の会計区分	
34	予算執行科目		予算執行科目		取得時の予算科目名（複数に渡る場合，複数用意する）	
35	用途		用途		資産の用途	

89

36	事業分類	事業分類	使用されている事業分類名	
37	開始時見積資産	開始時見積資産	開始時の固定資産の取得価額・取得価額相当額，取得年度が判明せず，直接開始簿価を評価した場合のフラグ	
38	各種属性情報	各種属性情報	その他で管理すべき付加情報	
39	売却可能区分	売却可能区分	売却可能資産であるか否かの区分	
40		時価等	売却可能資産の場合の売却可能額(その他の資産の場合，任意記録可)	
41	完全除却済記号	完全除却済記号	当該資産の除却したフラグ	
42		数量((延べ床)面積)	資産の数量，(延べ床)面積	
43		階数(建物)	資産が建物の場合の階数	
44		地目(土地)	資産が土地の場合の地目	
45		稼働年数	資産の稼働年数	
46		目的別資産区分	目的別の資産区分	
47		減価償却累計額	減価償却費の累計額	
48		財産区分(行政財産・普通財産)	公有財産台帳上の財産区分	
49		公有財産台帳番号	公有財産台帳の番号とのリンク	
50		法定台帳番号	法定台帳の番号とのリンク	
51	取得財源内訳			取得財源内訳
52				耐震診断状況(建物)

53			耐震化状況（建物）
54			長寿命化履歴
55			複合化状況
56			利用者数(件数)
57			稼働率
58			運営方式
59			運営時間
60			職員人数
61			ランニングコスト

*1 新地方公会計モデル；基準モデル・総務省方式改訂モデル
*2 ①基本項目；新地方公会計モデルに項目を追加
*3 ②追加項目；公共施設マネジメント等に活用するための項目を追加

3 固定資産台帳の記載対象範囲

(1) 総則

18. 固定資産台帳は，すべての固定資産を1単位ごとに記載する台帳であって，原則としてすべての保有固定資産について評価・整備するとともに，以後継続的に，購入，無償取得，除売却，科目の振替，減価償却費等を含む増減につき記録します。

19. なお，開始貸借対照表（統一的な基準に基づき，最初に作成する会計年度の開始時（該当年度期首）現在の貸借対照表のことをいいます。例えば平成26年度決算から統一的な基準により財務書類等を作成する場合における開始貸借対照表は，平成26年4月1日（期首）の貸借対照表を指します。）作成時において，以下の①～③のいずれかに該当するものは，原則として資産として記載しないこととします。ただし，①については，将来の更新費用の算定に必要である等の理由により，各地方

> 公共団体で必要とする場合は，記載することが適当です。
> ①既に耐用年数が過ぎているもの
> ②表示登記が行われていない法定外公共物（里道（赤線）や水路（青線）等）
> ③部落有，財産区有の資産
> 20. また，既存の固定資産の価値を増加させない，または耐久性を増さない修繕・補修・改修・改築・改造等は，固定資産の増加として認識しません。例えば，①漁港・港湾の浚渫工事で，水深が従前と変わらないもの，②河川の堤防の改修工事で堤の容量や材料が従前と変わらないもの，③災害復旧において，新規に作り直す部分以外等があります。これらの修繕等は，当該会計年度の費用として計上することとなります。

1 固定資産台帳の記録について

台帳の記載項目については，上記Ⅱ—1を参照してください。特に，台帳整備以降も，継続的に，購入，無償取得，除売却，振替，減価償却等を含む増減につき継続記録していくための体制準備をしておくことに留意が必要です（詳細は，後述の「Ⅴ固定資産台帳の整備手順」を参照のこと）。

2 開始貸借対照表における資産登載

「今後の新地方公会計の推進に関する研究会」の中でも，資産登載の範囲については様々な議論が行われてきました。

「地方公共団体における財務書類の作成基準に関する作業部会」において，資産の定義として，「資産とは，過去の事象の結果として，地方公共団体が支配する資源であって，将来の経済的便益またはサービス提供能力が期待されるものをいう。」としています。この資産の定義を踏まえ，固定資産台帳の記載対象範囲について，現行ではすべての固定資産を対象としており，『手引き』の作成にあたり，今後もその取扱いを踏襲し，原則として所有するものすべてを対象とするとされました（所有資産のうち，資産として登載しないものは上

記『手引き』19 のとおりです。)。

　また，所有外資産の取扱いについては，メリット（負担金の拠出で対応しているような場合には，将来負担への財政的な対応の認識，中長期の計画に反映することが可能となることなど）及びデメリット（整備に係る地方公共団体の負担増，他組織（所有者）で管理されているものであり，非所有団体でも台帳に記載した場合に生じる混乱，所有者が連結財務書類を整備する対象であった場合には二重計上を生じてしまうことなど）を勘案し，固定資産台帳の整備及び複式簿記の導入が進んでいない現状から，まずは，所有資産に係る早期の台帳整備を優先すべきこと，「地方公共団体が支配する資源」とは言い難いことから，資産として計上しないこととなりました。

3　資本的支出と修繕費の区分について

　「手引き20」のとおり，既存の固定資産の価値を増加させない，または耐久性を増さない修繕・補修・改修・改築・改造等は，固定資産の増加として認識せず，当該会計年度の費用として計上することとなります。

　以下に参考として，【図表3-3】に「法人税基本通達による資本的支出と修繕費の区分」の考え方について示しておきます（「手引き」41）。

4　耐震工事（耐久性が増す場合）を実施した場合の取扱い（「手引き」41）

　最近の自治体では，施設の老朽化と併せて，旧耐震基準に基づく施設等様々な資産の耐震化対策が喫緊の課題となっています。

　当該耐震工事は，基本的に資本的支出に該当し，原則として当該資本的支出の金額を固有の取得価額として，その資本的支出を行った減価償却資産本体と種類及び耐用年数を同じくする新たな減価償却資産を取得したものとして，その種類と耐用年数に応じて償却を行うこととなります。なお，資本的支出を行った減価償却資産本体は，資本的支出を行った後においても，現に採用されている償却方法による償却を継続して行うこととなります（Q&A3(2)-9）。

【図表 3-3】 資本的支出と修繕費の区分の例

区分		内　　容
資本的支出	定義	固定資産の修理，改良等のために支出した金額のうち当該資産の価値を高め，またはその耐久性を増すこととなると認められる部分に対応する金額
	例	(1) 建物の避難階段の取付など物理的に付加した部分に係る費用の額 (2) 用途変更のための模様替え等改造または改装に直接要した費用の額 (3) 機械の部品を特に品質または性能の高いものに取り替えた場合，通常の取替えの場合に要すると認められる費用の額を超える部分の金額
	(注)	建物の増築，構築物の拡張，延長等は建物等の取得に当たる
修繕費	定義	通常の維持管理のため，またはき損した固定資産につきその原状を回復するために要したと認められる部分の金額
	例	(1) 建物の移えいまたは解体移築をした場合におけるその移えいまたは移築に要した費用の額。ただし，解体移築にあっては，旧資材の 70 %以上がその性質上再使用できる場合であって，当該旧資材をそのまま利用して従前の建物と同一の規模及び構造の建物を再建築するものに限る。 (2) 機械装置の移設に要した費用（解体費を含む）の額 (3) 地盤沈下した土地を沈下前の状態に回復するために行う地盛りに要した費用の額（例外；略） (4) 建物，機械装置等が地盤沈下により海水等の浸害を受けることとなったために行う床上げ，地上げまたは移設に要した費用の額（例外；略） (5) 現に使用している土地の水はけを良くする等のために行う砂利，砕石等の敷設・補充に要した費用の額

(2) 建設仮勘定・リース資産

22. 建設仮勘定は，有形固定資産に区分される勘定科目で，その工期が一会計年度を超える建設中の建物など，完成前の有形固定資産への支出等を仮に計上しておくための勘定科目であり，当該有形固定資産が完成した時点で本勘定に振り替えられます。

24. リース資産のうちファイナンス・リース取引については，通常の売買取引に係る方法（固定資産に該当するものは貸借対照表に計上）に準じて会計処理を行い，オペレーティング・リース取引については，通常の賃貸借取引に係る方法（費用として行政コスト計算書に計上）に準じて

会計処理を行うこととします。ただし，ファイナンス・リース取引であっても，所有権移転外ファイナンス・リース取引及び重要性の乏しい所有権移転ファイナンス・リース取引については，通常の賃貸借取引に係る方法に準じて会計処理を行うことができることとします。なお，地方公共団体は，リース取引においては借り手になることが想定されるため，研究会報告書では，借り手側の処理に準じて記載されていますが，その具体的な取扱いについては明確に定められていませんので，企業会計の考え方及び手法（「リース取引に関する会計基準」（企業会計基準第13号）。以下「リース会計基準」といいます。）を参考にして処理することが適当です。

25. ファイナンス・リース取引とは，次のいずれかに該当するものをいいますが，おおまかにいうと，途中で解約できずに借り手が最後まで使用することが想定されているようなものであれば，該当するものとして当該リース取引を貸借対照表に計上します。（以下略）

28. リース資産の評価基準については，取得価額（貸し手の購入価額が判明している場合は貸し手の購入価額，不明な場合はリース料総額の割引現在価値と貸し手の見積現金購入価額とのいずれか低い額）とし，所有権移転ファイナンス・リース取引については，自己所有の固定資産と同様の方法により減価償却費等を算定します。

29. リース資産に該当する資産については，資産全体に占める割合は低いと考えられますが，原則として次のとおり事務処理を行い，その金額等を固定資産台帳に記載します。

　　まず，リース料の総額（利息相当額を除く）を資産（有形固定資産または無形固定資産）と負債（その他）の双方に計上します（利息相当額は，原則として返済されていないリース債務の残高に一定率を乗じて計算した結果を支払利息相当額とする方法により配分された額を，支払利息として処理します。）。その後，リース資産は他の有形固定資産や無形固定資産と同様に減価償却計算を行い，リース債務はリース料の支払い

> に応じて減額していきます（所有権移転外ファイナンス・リース取引を資産計上する場合は，最終的に所有しないため，リース期間を耐用年数とし，残存価値をゼロとして定額法により減価償却を行います。）。
> （図；略）

1 リース取引の分類

リース取引の分類と各々の定義について要領25に沿って概要をまとめると，次のようになります。なお，詳細は要領を参照してください。

(1) ファイナンス・リース取引

ファイナンス・リース取引とは，途中で解約できずに借り手が最後まで使用することが想定されているようなもの

①リース料総額の現在価値≧見積現金購入価額×90％

②解約不能のリース期間≧経済的耐用年数×75％

※①の判定結果が90％を大きく下回ることが明らかな場合を除く。

(2) オペレーティング・リース取引

ファイナンス・リース取引以外のリース取引

2 リース資産の評価方法

ファイナンス・リースにおける資産評価方法等は【図表3-4】のとおりです（「手引き」29）。

3 「リース取引に関する会計基準」（企業会計基準第13号，改正平成19年3月30日；企業会計基準委員会）の抜粋

（ファイナンス・リース取引の分類）

8．ファイナンス・リース取引は，リース契約上の諸条件に照らしてリース物件の所有権が借手に移転すると認められるもの（以下「所有権移転ファイナンス・リース取引」という。）と，それ以外の取引（以下「所有権移転外ファイナンス・リース取引」という。）に分類する。

第３章　資産評価及び固定資産台帳整備の手引き

【図表3-4】 ファイナンス・リースにおける資産評価（所有権移転の有無ごと）

種類	所有権移転	所有権移転外
取得価額	・貸手の購入価額が判明している場合 →貸し手の購入価額	・貸手の購入価額が判明している場合 →リース料総額の割引現在価値と貸し手の購入価額または見積現金購入価額とのいずれか低い額
	・貸手の購入価額が不明な場合 →リース料総額の割引現在価値と貸し手の見積現金購入価額とのいずれか低い額	・貸手の購入価額が不明な場合 →リース料総額の割引現在価値と貸し手の見積現金購入価額とのいずれか低い額
耐用年数	・経済的使用可能予測期間	・リース期間（ただし、再リース期間を含めてファイナンス・リース取引の判定を行った場合は、再リース期間も耐用年数に含める）
減価償却	定　額　法	

※「手引き」24のとおり、所有権移転外ファイナンス・リース取引及び重要性の乏しい所有権移転ファイナンス・リース取引は、通常の賃貸借取引に係る方法に準じて会計処理を行うことができることとしていることに留意。

（ファイナンス・リース取引の会計処理）

9．ファイナンス・リース取引については、通常の売買取引に係る方法に準じて会計処理を行う。

10．借手は、リース取引開始日に、通常の売買取引に係る方法に準じた会計処理により、リース物件とこれに係る債務をリース資産及びリース債務として計上する。

11．リース資産及びリース債務の計上額を算定するにあたっては、原則として、リース契約締結時に合意されたリース料総額からこれに含まれている利息相当額の合理的な見積額を控除する方法による。当該利息相当額については、原則として、リース期間にわたり利息法により配分する。

12．所有権移転ファイナンス・リース取引に係るリース資産の減価償却費は、自己所有の固定資産に適用する減価償却方法と同一の方法により算定する。

また，所有権移転外ファイナンス・リース取引に係るリース資産の減価償却費は，原則として，リース期間を耐用年数とし，残存価額をゼロとして算定する。
（出典；企業会計基準委員会 https://www.asb.or.jp/asb/asb_j/documents/docs/Lease_55/Lease_55.pdf）

4　貸借対照表に計上するリース資産やリース債務の勘定科目について

　リース資産については，固定資産の性質に応じた勘定科目（建物，工作物，物品等）に計上します（減価償却累計額も同様）。

　リース債務については，1年以内に支払期限の到来するものは流動負債の「その他」，1年を超えて支払期限の到来するものは固定負債の「その他」に計上します（Q&A2-16）。

5　重要性の乏しい所有権移転ファイナンス・リース取引の対象

　重要性が乏しい償却資産，当該地方公共団体の活動において重要性の乏しいものといった記載がなされていますが，「重要性の乏しい」とは，基本的には，各地方公共団体の実情に応じて判断することとなりますが，以下の基準等により判断することとします（Q&A3(2)-7）。
①購入時に費用処理するもの，②リース期間が1年以内であるもの，
③1契約あたりのリース料総額が300万円以下のもの

4　固定資産台帳の記載単位

(1)　総則

32. 固定資産台帳は，単に財務書類の補助簿としてのみならず，資産管理に役立つものでなければなりません。そのためにも，記載単位としては，①現物との照合が可能な単位であること

②取替や更新を行う単位であること

という2つの原則に照らして判断し、記載することが適当です。

33. すなわち、資産として記載する「1単位」の区分については、①により、固定資産について、その現物が確認でき、対応する価額を特定できることが必要になり、かつ、②により、例えば耐用年数が異なるなど償却資産の単位に区分することが必要となります。

34. このように資産の「1単位」を区分した上で、統一的な基準では、具体的に固定資産台帳に記載すべき資産単位は、棟、個、台、筆、m^2、m等を基本とします。

35. ただし、例外として、開始時においては、道路、河川及び水路について、1区間単位の価格算定が困難な場合に限り、会計年度単位に供用開始等した合計数量（延長キロ等）をもって、記載する「1単位」とすることも妨げないこととします。しかしながら、例えば道路については、管理は会計年度単位よりは路線単位等で行われることが想定されますので、開始後については、新規整備や更新など一定のタイミングで路線単位等の管理とすることとし、精緻化を図ることが望まれます。

38. なお、土地と建物等を一括で購入した場合、購入金額について土地と建物等を区分する必要があります。契約書等により、土地と建物等の内訳が判明する場合には、契約書等による土地と建物等の内訳金額を取得価額として採用します。消費税は、土地は非課税ですが、建物等は課税されますので、一般的に、契約書等から土地と建物等の内訳が判明しないケースは少ないと考えられますが、売主が個人である場合や、開始時における消費税導入以前の購入の場合等で、契約書等から内訳が判明しない場合には、一括の契約金額から土地の適正な価額を控除する等により、建物等の取得価額を算定します。

1 固定資産台帳の記載単位の考え方

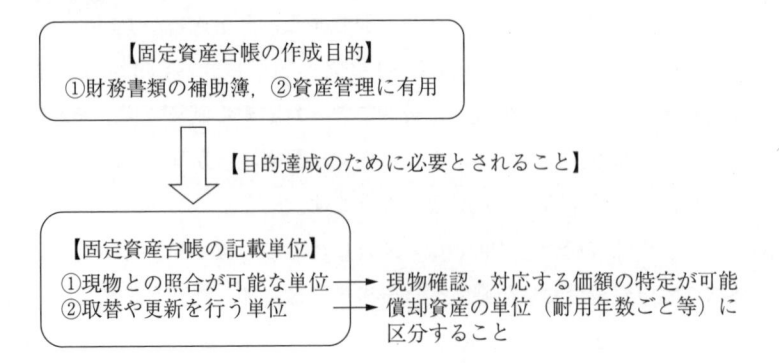

```
【固定資産台帳の作成目的】
①財務書類の補助簿，②資産管理に有用
            ↓
   【目的達成のために必要とされること】

【固定資産台帳の記載単位】
①現物との照合が可能な単位  → 現物確認・対応する価額の特定が可能
②取替や更新を行う単位      → 償却資産の単位（耐用年数ごと等）に
                            区分すること
```

「手引き」121に言及されているように，資産の棚卸（現物調査）に当たっては，固定資産台帳に記載された固定資産と現物の一致を確かめることが重要ですので，固定資産台帳には，実際に地方公共団体が所有等する固定資産が網羅的に記載される必要があります。

2 土地と建物等を一括で購入した場合

購入金額について土地と建物等を区分する必要があります。
⇒契約書等に土地と建物等の内訳が判明する場合⇒その内訳金額を採用
　（消費税；土地は非課税，建物等は課税）
⇒契約書等から内訳が判明しない場合，一括の契約金額から土地の適正な価額を控除する等により，建物等の取得価額を算定します。

(2) 付随費用

> 39．有形固定資産の取得価額は，当該資産の取得にかかる直接的な対価のほか，「企業会計原則」第三-五-Dに準拠して，原則として当該資産の引取費用等の付随費用を含めて算定した金額とします。例えば土地の取得価額には，購入手数料，測量・登記費用，造成費及び造成関連費用，補償費といったもの，工作物である道路の取得価額には，道路そのもの

郵 便 は が き

料金受取人払郵便

落合支店承認

4079

差出有効期間
2017年2月12日
(期限後は切手を
おはりください)

1 6 1 - 8 7 8 0

東京都新宿区下落合2-5-13

㈱ 税務経理協会

社長室行

|||||||||||||||||||||||||||||||||||||||||||||||||

お名前	フリガナ		性別	男 ・ 女
			年齢	歳

ご住所	□□□-□□□□　TEL　　（　　　）

E-mail	
ご職業	1. 会社経営者・役員　2. 会社員　3. 教員　4. 公務員 5. 自営業　6. 自由業　7. 学生　8. 主婦　9. 無職 10. 公認会計士　11. 税理士　12. その他（　　　　　　）
ご勤務先・学校名	
部署		役職	

ご記入の感想等は，匿名で書籍のPR等に使用させていただくことがございます。
使用許可をいただけない場合は，右の□内にレをご記入ください。　　□許可しない

ご購入ありがとうございました。ぜひ、ご意見・ご感想などをお聞かせください。
また、正誤表やリコール情報等をお送りさせて頂く場合もございますので、
E-mail アドレスとご購入書名をご記入ください。

この本のタイトル	

Q1　お買い上げ日　　　　年　　　月　　　日
　　　ご購入　1. 書店・ネット書店で購入（書店名　　　　　　　　　　）
　　　方　法　2. 当社から直接購入
　　　　　　　3. その他（　　　　　　　　　　　　　　　　　　　　）

Q2　本書のご購入になった動機はなんですか？（複数回答可）
　　1. 店頭でタイトルにひかれたから　2. 店頭で内容にひかれたから
　　3. 店頭で目立っていたから　　　　4. 著者のファンだから
　　5. 新聞・雑誌で紹介されていたから（誌名　　　　　　　　　　）
　　6. 人から薦められたから
　　7. その他（　　　　　　　　　　　　　　　　　　　　　　　　）

Q3　本書をお読み頂いてのご意見・ご感想をお聞かせください。

Q4　ご興味のある分野をお聞かせください。
　　1. 経営　　　2. 経済・金融　　　3. 財務・会計
　　4. 流通・マーケティング　　　　　5. 株式・資産運用
　　6. 知的財産・権利ビジネス　　　　7. 情報・コンピュータ
　　8. その他（　　　　　　　　　　　　　　　　　　　　　　　　）

Q5　カバーやデザイン、値段についてお聞かせください
　　①タイトル　　　　　　1 良い　　2 目立つ　　3 普通　　4 悪い
　　②カバーデザイン　　　1 良い　　2 目立つ　　3 普通　　4 悪い
　　③本文レイアウト　　　1 良い　　2 目立つ　　3 普通　　4 悪い
　　④値段　　　　　　　　1 安い　　2 普通　　　3 高い

Q6　今後、どのようなテーマ・内容の本をお読みになりたいですか？

ご回答いただいた情報は、弊社発売の刊行物やサービスのご案内と今後の出版企画立案の参考のみに使用し、他のいかなる目的にも利用いたしません。なお、皆様より頂いた個人情報は、弊社のプライバシーポリシーに則り細心の注意を払い管理し、第三者への提供、開示等は一切いたしません。

> の取得にかかる直接的な対価のほか，街灯，ガードレール，標識等の附属設備の価額を含めます。なお，それぞれの附属設備等を個別単位で管理することを妨げるものではありません。また，統一的な基準における消費税の取扱いについては，税込方式を採用することとし，取得価額には，消費税相当額を含めることとします。

1 有形固定資産の取得価額

　当該資産の取得にかかる直接的な対価のほか，原則として，当該資産の引取費用等の付随費用（下記の事例）を含めて算定した金額

例）土地⇒購入手数料，測量・登記費用，造成費及び造成関連費用，補償費
例）工作物である道路⇒街灯，ガードレール，標識等の附属設備の価額
⇒消費税の取扱い；税込方式を採用（取得価額には消費税相当額を含める）

2 有形固定資産の取得にかかる付随費用の関係規定

企業会計原則【第三　貸借対照表原則】
（資産の貸借対照表価額）
五　貸借対照表に記載する資産の価額は，原則として，当該資産の取得原価を基礎として計上しなければならない。（略）
　D　有形固定資産については，その取得原価から減価償却累計額を控除した価額をもって貸借対照表価額とする。有形固定資産の取得原価には，原則として当該資産の引取費用等の付随費用を含める。現物出資として受入れた固定資産については，出資者に対して交付された株式の発行価額をもって取得原価とする。

3 付随費用にかかる議論

「今後の新地方公会計の推進に関する研究会」の中でも，付随費用の取扱いについては次のような議論が行われてきました。
「道路を例にすると，新地方公会計モデルでは，街灯，ガードレール，標識

等の附属設備については，道路の取得価額に含めることとされ，一体的な管理は許容されている。今これについても，インフラ資産と同様に，開始時はこれまでの取扱いの経緯もあるため，一体的な管理を許容することとして良いのではないか。なお，個別単位の管理を妨げるものではない。」

5　減価償却・耐用年数等

42. 償却資産については，毎会計年度減価償却を行うものとし，減価償却は，種類の区分ごとに定額法によって行うものとします。なお，開始時の道路，河川及び水路に係る減価償却については，実務的には，例えば道路資産の構成部分ごとの把握が困難な場合もあることから，簡便的な減価償却の方法として，道路等の類似した一群の資産を一体として総合償却するような償却方法も許容することとします。
43. 取替法については，今後の検討課題とし，当面は適用しないこととしますが，その有用性等を検証する観点から，既に取替法を適用している地方公共団体が今後も取扱いを継続することを妨げません。
45. 償却資産に係る耐用年数及び償却率については，原則として「減価償却資産の耐用年数等に関する省令」((略)以下「耐用年数省令」といいます。)に従うこととし，具体的には，「別紙3」及び「別紙4」のとおりとします。なお，端数が生じた場合においては，1円未満を切り捨てます。
46. 償却資産の減価償却について，上記耐用年数により難い特別の理由として次に掲げる事由のいずれかに該当する場合は，当該固定資産の使用可能期間をもって耐用年数とすることができます。
    ①当該固定資産の材質または製作方法がこれと種類及び構造を同じくする他の償却資産の通常の材質または製作方法と著しく異なることにより，その使用可能期間が上記耐用年数に比して著しく短いこと

②（略）

③当該固定資産が陳腐化したことにより，その使用可能期間が上記耐用年数に比して著しく短いこととなったこと

④⑤⑥（略）

47. 上記以外は耐用年数省令に準じた耐用年数を設定することとしますが，その取扱いに合理性・客観性があるもので，別途規定するものについては，耐用年数省令よりも長い期間の耐用年数を設定することもできることとします。

55. 各有形固定資産に対する減価償却累計額は，当該各有形固定資産の項目に対する控除項目として，減価償却累計額の項目をもって表示することとします（間接法の適用）。

　　ただし，これらの有形固定資産に対する控除項目として一括して表示することを妨げません。また，各有形固定資産に対する減価償却累計額は，当該各有形固定資産の金額から直接控除し，その控除して得た額を当該各有形固定資産の金額として表示することができます（直接法の許容）。ただし，この場合，当該減価償却累計額を当該各有形固定資産の科目別に，または一括して注記しなければなりません。なお，無形固定資産については，直接法によって行うこととします。

56. 償却資産について，耐用年数を経過した後においても存する場合は，原則として備忘価額１円（残存価額なし）を計上します。ただし，無形固定資産については，備忘価額は計上しません。

57. なお，有形固定資産及び無形固定資産に係る減損処理については，今後の検討課題とし，当面は適用しないこととしますが，その有用性等を検証する観点から，既に減損処理を適用している地方公共団体が今後も取扱いを継続することを妨げません。

1 減価償却の方法（「手引き」42～43）

(1) 原則的取扱い

種類の区分ごとに定額法によって減価償却を行うものとします。

(2) 簡便的な減価償却の方法

当該資産の構成部分ごとの把握が実務的に困難な場合などを勘案して，当該資産（例えば道路等）の類似した一群の資産を一体として総合償却するような償却方法も許容することとします。

(3) 取替法の適用

「今後の新地方公会計の推進に関する研究会」の中でも，既に取替法を適用している自治体があることから，取替法の適用の可否については様々な議論が行われてきましたが，今後の検討課題とし当面は適用しないこととします。しかし，取替法適用の有用性等を検証する観点から，既に取替法を適用している自治体が今後も取扱いを継続することを妨げないこととなりました。

2 耐用年数表について

「減価償却資産の耐用年数等に関する省令」に基づいて，地方公共団体の保有する資産の耐用年数は【図表3-5】のようになります（「手引き」別紙3-1）。

【図表3-5】 耐用年数表（一部抜粋）

耐用年数		耐用年数省令における耐用年数	
主な分類	耐用年数	主な資産	耐用年数
道路（林道・農道を含む）	50	道路改良 舗装道路（アスファルト敷） 舗装道路（コンクリート敷）	60 10 15
治水	48	河川 ダム 砂防 流路工	40 80 50 40
都市公園	—	園路広場（アスファルト敷） 植栽（緑化施設） 管理施設	10 20 50

第3章 資産評価及び固定資産台帳整備の手引き

3 耐用年数省令よりも長い期間の耐用年数を設定する資産

耐用年数を長くすることは，単年度の減価償却費の低減につながるため，保守主義の観点から厳密に取り扱う必要があります。このような中で，合理性・客観性があるものとしては，法適用の地方公営企業で使用されている法令年数が該当します（Q&A3(2)-10）。

4 減価償却累計額の表示について（財務書類作成要領 様式第1号から抜粋）

```
有形固定資産
    インフラ資産
        土地
        建物
        建物減価償却累計額
        工作物
        工作物減価償却累計額
        その他
        その他減価償却累計額
        建設仮勘定
    物品
    物品減価償却累計額
無形固定資産
    ソフトウェア
    その他
```

(1) 原則的取扱い；間接法
　当該各有形固定資産の項目に対する控除項目として減価償却累計額の項目により表示
(2) 例外的取扱い
・有形固定資産に対する控除項目として一括表示
・減価償却累計額は，当該各資産の金額から直接控除し，控除した額を当該資産の金額として表示（直接法の許容，ただし注記が必要）
(3) 無形固定資産の取扱い；直接法（例外なし）
無形固定資産に対する減価償却累計額を直接控除して表示

5 減損処理について

「今後の新地方公会計の推進に関する研究会」の中でも，「減損処理」の適用の是非については様々な議論が行われてきましたが，今回の統一的な基準に基づく地方公共団体の財務書類の作成に当たっては，「減損処理」の適用は今後の検討課題とし，当面は適用しないこととなりました。

この点は，同じ地方自治体にあって，地方公営企業では平成24年の関連諸規定等の改正により，平成26年度予算及び決算から「会計制度の見直し」が行われ，地方公営企業会計に公営企業型地方独法における減損会計と同様の減

損会計を導入することとなったことと比して，特徴的な取扱いといえます。

　参考までに，地方公営企業会計において導入した背景には，一般会計等もそうですが，地方公営企業においても固定資産を多数保有しており，「①固定資産の帳簿価額が実際の収益性や将来の経済的便益に比べ過大となっている場合に，減損会計を導入すれば，過大な帳簿価額を適正な金額まで減額できる。②地方公営企業の経営成績を早期に明らかにすることができるようになり，経営成績に問題がある地方公営企業に対しては，早期の措置を講じることが可能となる。」といった点が挙げられており，民間企業に近い地方公営企業においても導入すべきといった議論を経て，今回の改正に至っています。

6　資産の評価基準・評価方法

(1)　有形固定資産

63. 事業用資産とインフラ資産の開始時簿価については，取得原価が判明しているものは，原則として取得原価とし，取得原価が不明なものは，原則として再調達原価とします（償却資産は，当該価額から減価償却累計額を控除した価額を計上。以下同様）。ただし，道路，河川及び水路の敷地のうち，取得原価が不明なものについては，原則として備忘価額1円とします。また，開始後については，原則として取得原価とし，再評価は行わないこととします。なお，取得原価については，事実関係をよく調査する必要があり，安易に取得原価が不明だと判断することのないよう留意する必要があります。具体的には，地方債発行に関連する資料など，残存する証拠書類を確認することが考えられますが，それでも取得原価が判明しない資産については，取得原価の把握のために，地方財政状況調査（決算統計）の数値を用いることも考えられます。

64. また，取得原価の判明状況は各地方公共団体において異なることや地方債の償還年限が取得原価の判断状況に影響すること等を踏まえ，実施

可能性や比較可能性を確保する観点から，特定の時期（昭和59年度以前）に取得したものは，63段落の取扱いにかかわらず，原則として取得原価不明なものとして取扱うこととします。なお，後述の109段落のとおり，既に固定資産台帳を整備済または整備中の地方公共団体においては，資産評価に係る二重負担を回避する観点等から，一定の経過措置を設けています。

65. 物品は，地方自治法第239条第1項に規定するもので，原則として取得価額または見積価格が50万円（美術品は300万円）以上の場合に，その取得価額を資産として計上し，再評価は行わないこととします。ただし，各地方公共団体の規程等において重要な物品等の基準を有している場合で，かつ，総資産に占める物品の割合に重要性がないと判断される場合においては，各地方公共団体の判断に基づき，継続的な処理を前提に当該規程等に準じた資産計上基準を設けることを妨げないこととします。なお，取得原価が不明な資産については，原則として再調達原価とします。

66. 有形固定資産（事業用資産，インフラ資産及び物品）のうち，適正な対価を支払わずに取得したものについては，原則として再調達原価とします。ただし，無償で移管を受けた道路，河川及び水路の敷地については，原則として備忘価額1円とします。

1 有形固定資産等の評価原則

　原則として，取得原価が判明しているものは取得原価，取得原価が不明なものは再調達原価（道路等の敷地は備忘価額1円）としていますが，実施可能性や比較可能性を確保する観点から，昭和59年度以前に取得した事業用資産とインフラ資産は，上記取扱いにかかわらず，原則として取得原価不明なものとして取り扱うこととしています（詳細は【図表3-6】）。なお，既に固定資産台帳を整備済又は整備中の地方公共団体においては，資産評価に係る二重負担を回避する観点等から，一定の経過措置（既存の評価額の許容）を設けています

(Q&A3(1)-1)。

【図表3-6】 有形固定資産等の評価

	開始時		開始後	再評価
	昭和59年度以前取得分	昭和60年度以後取得分		
非償却資産 ※棚卸資産を除く	再調達原価	取得原価 [再調達原価]	取得原価	立木竹のみ6年に1回程度
道路，河川及び 　水路の敷地	備忘価額1円	取得原価 [備忘価額1円]	取得原価	―
償却資産 ※棚卸資産を除く	再調達原価	取得原価 [再調達原価]	取得原価	―
棚卸資産	低価法	低価法	低価法	原則として毎年度

[　]内は取得原価が不明な場合
備考1　適正な対価を支払わずに取得したものは原則として再調達原価（ただし，無償で移管を受けた道路，河川及び水路の敷地は原則として備忘価額1円）
備考2　既に固定資産台帳が整備済または整備中であって，基準モデル等に基づいて評価されている資産について，合理的かつ客観的な基準によって評価されたものであれば，引き続き，当該評価額によることを許容（その場合，道路，河川及び水路の敷地については，上表による評価額を注記）
備考3　売却可能資産は，売却可能価額を注記し，当該価額は原則として毎年度再評価

2　有形固定資産の取得原価の把握のために決算統計の数値を用いることができる場合

　地方債発行に関連する資料など残存する証拠書類の確認を行っても，なお取得原価が不明な有形固定資産等については，比較可能性の確保の観点から，取得原価の把握のために，決算統計の数値を用いることも考えられる旨が示されています。

　しかし，決算統計の数値については，①用地費は，主に土地購入費と補償費であるが，取得原価に含まれるべき造成費等が加味されていない，②除売却分を控除する必要がある，③同種資産をまとめた一つの項目に計上している，④「道路・橋梁」など一定のまとまった区分となっているところもあり，台帳上

で区分するためには一定の按分が必要となる等の点に留意する必要があります。

このため，決算統計の数値を用いることができる場合として，①特定の時期の対象とならない昭和60年度以降であること，②特定の固定資産が決算統計に係る該当項目（表行列）に計上されていることが把握できること，といった条件を満たす必要があります（Q&A3(1)-3）。

3 「手引き」65の重要性の判断について

基本的には，各地方公共団体の実情に応じて判断することとなりますが，例えば売却可能資産について，不動産鑑定評価により評価している場合で，公示地価といった他の評価方法の変動率が小さい場合は，現行の価額を変更しないといったことが考えられます（Q&A3(1)-5）。

(2) 無形固定資産

67. 無形固定資産の開始時簿価については，原則として取得原価とし，再評価は行わないこととしますが，適正な対価を支払わずに取得したもの及び開始時において取得原価が不明なものについては，原則として再調達原価とします。
68. 特許権，著作権，商標権，営業権，実用新案権，意匠権，回路配置利用権，育成者権，商号，出版権等の無体財産権は，耐用年数省令に定める償却資産として，定額法により減価償却を行い，取得価額から減価償却累計額を控除した価額を計上します（56段落のとおり備忘価額なし）。なお，計上にあたっては，重要性の観点から金額が少額のもの等については，計上しないことも合理的な処理と考えられます。例えば「相続税財産評価に関する基本通達」においては，課税時期後において取得すると見込まれる補償金額が50万円に満たないと認められる特許権，実用新案権，意匠権や商標権は評価しないこととされています。
69. 地上権，地役権，借地権，鉱業権等の用益物権（他人の土地等をある

> 目的で使用するための権利）は，非償却資産であり，減価償却は行いません。（略）
> 70. ソフトウェアについては，地方公共団体においては財務会計システム，税務システム，住民基本台帳システム等があり，これらのうち，当該地方公共団体が所有等するものについて固定資産として取得価額から減価償却累計額を控除した価額を計上することとしますが，具体的な取扱いは，以下のとおりです。なお，将来の費用削減とは無関係な映像ソフトのようなものは当該会計年度において費用処理します。（以下略）

1 無形固定資産の開始時簿価と償却について

・無形固定資産の開始時簿価
　⇒原則；取得原価（再評価は行わない）
　⇒例外；適正な対価を支払わずに取得したもの及び開始時において取得原価が不明なものは，原則として再調達原価
・重要性の観点から金額が少額のものの無形固定資産の取扱い
　⇒例えば50万円に満たないもの；資産計上しないことも合理的な処理

2 無形固定資産の償却について

・無体財産権（特許権，著作権，商標権など）
　⇒耐用年数省令に定める償却資産として定額法により減価償却を行います。
・用益物権（地上権，地役権，借地権，鉱業権など）
　⇒非償却資産として減価償却は行いません。

3 ソフトウェアの資産計上の要件について

　自治体が保有しているソフトウェアは，業務上必要とされるように財務会計システム，税務システムを，外部から購入する，あるいはオーダーメイドで制作するものが多い（研究開発費に該当するものは少ない）ものと考えられます。こうしたソフトウェアの利用により将来の費用削減が確実であると認められる

場合（業務を効率的または効果的に遂行することができるなど要領70③の要件有）には，当該ソフトウェアの取得に要した費用（一定の関連費用含む），製作等に直接要した費用（同上）を資産価額として計上します。

(3) 開始時における取得原価が不明な有形固定資産の具体的な評価方法

(3.1) 総則

71. 開始時に取得原価が不明な有形固定資産については，原則として再調達原価としますが，その具体的な評価方法については以下のとおりです。なお，適正な対価を支払わずに取得したものについても，原則として同様な評価方法で算定します。

72. 取得時期や建設時期が不明の償却資産の耐用年数等の取扱いについては，以下の方法が考えられます。

①取得時期が不明で建設時期が判明している場合

　当該建物等の建設時期から開始時までの経過年数に基づき減価償却を行います。

②建設時期が不明で取得価額及び取得時期が判明している場合

　見積法（54段落参照）を採用し，開始時以降の使用可能期間の年数を見積もります。なお，開始時簿価の算定にあたっては，建物等の老朽化の程度から合理的に経過年数を推定し，これに基づいて減価償却累計額を判定することもできます。経過年数は，利用履歴や改修等の履歴から出来る限り実際の経過年数に近い年数を見積もることが望まれますが，困難な場合は，建物等の老朽化の程度に応じた一定の基準を定めて，当該基準により経過年数を定めることも考えられます。

③取得時期・建設時期ともに不明な場合

　見積法により開始時以降の使用可能期間の年数を見積もります。

【図表 3-7】 開始時に取得原価等が不明な有形固定資産の具体的な評価方法等

取得価額；不明	取得時期；判明 建設時期；不明	取得時期；不明 建設時期；判明	取得時期・建設時期；不明
取得価額の取扱い	耐用年数等の取扱い		
原則として再調達原価 　適正な対価を支払わずに取得したものは原則として再調達原価（無償で移管を受けた道路，河川及び水路の敷地は原則備忘価額 1 円）	建設時期から開始時までの経過年数に基づき減価償却を実施	見積法＊により開始時以降の使用可能期間年数を見積・建物等の老朽化の程度から合理的に経過年数の推定なども可	見積法により開始時以降の使用可能期間の年数を見積

＊見積法による耐用年数の算定（「手引き」54）
　当該資産を事業の用に供した時以降の使用可能期間として，資産の摩滅・摩耗の程度等から客観的かつ合理的に見積もられた年数

（3.2）　土地

74. 土地については，「固定資産評価基準」（略）に基づく固定資産税評価額を基礎とした評価を行います。固定資産税評価額を基礎とした具体的な評価方法については，以下の方法が考えられます。なお，評価方法の適用にあたっては，各地方公共団体における価格事情及び評価対象地の特性（評価対象数，所在状況等）を考慮し，固定資産税評価の実情等を担当部署との打ち合わせ等で十分把握した上で，選択する必要があります。
①個別評価（略）
②平均単価による評価（略）
（ア）町丁目単位　（イ）固定資産税概要調書における地目単位
（ウ）宅地及び宅地比準土地の場合の平均単価
　　a．路線単位　b．状況類似地域（地区）単位　c．用途地区単位
③より実態を反映した評価方法の採用
75. 上記の評価方法の選択にあたっては，以下を参考に精度の高い評価方

> 法を採用することが望まれますが，時間的制約等があることから，評価精度を維持しつつ，簡便な評価方法を採用することも現実的な対応と考えられるなかで，①資産の量・分布状況等，②資産の重要性，③現在の台帳整備状況と処理体制，のバランスを考慮することが重要です。(以下略)
>
> 76. 以上を踏まえ，土地に係る具体的な算定方法については，無償取得といった適正な対価を支払わずに取得したもの（道路，河川及び水路の敷地は除く）を含め，原則として各土地について個別評価を行うことが望まれますが，地方公共団体の実情に応じて固定資産税評価額の同一地目・一定の地域ごとの平均単価を用いた算定や，同算定が困難な場合には，固定資産税概要調書の地目別平均単価での算定でも可能であり，以下のとおり算定することとします。(略) ○再調達価額＝(地目・地区別)地積×(地目・地区別)平均単価（円/m²）

【図表3-8】 固定資産税評価額を基礎とした評価方法の精度等（「手引き」75)

評価方法			評価の精度	必要となる土地情報
個別評価	課税地と同様の評価		高い	多い
平均(評価額)単価による評価	宅地等	路線単位	↑	↑
		状況類似地域(地区)単位		
		用途地区単位		
	町丁目単位			
	概要調書(地目毎の市町村内平均(評価額)単位)		低い	少ない

1 開始時の取得価額【土地】（留意事項）（「手引き」74)

「固定資産評価基準（自治省告示）」に基づく固定資産税評価額を基礎とした以下の評価を行います。

①個別評価　　固定資産評価基準及び各市町村において定められた固定資評

113

価要領（実務マニュアル等）に基づき課税地と同様に各土地について地目別に個別評価を行う方法

②平均単価による評価

　（ア）町丁目単位

　(イ)　固定資産税概要調書における地目単位

　（ウ）宅地及び宅地比準土地の場合の平均単価

　　a．路線単位（市街地宅地評価法を適用している地域において有効な評価方法）

　　　　付設された路線毎に沿接する宅地の固定資産税評価額の平均価額を採用する評価方法

　　b．状況類似地域（地区）単位

　　　　固定資産評価基準における地域単位である状況類似地域（地区）毎の固定資産税評価額の平均単価を採用する方法

　　c．用途地区単位

　　　　固定資産評価基準における用途地区毎の固定資産税評価額の平均単価を採用する方法

2　具体的算定事例（「手引き」74）

　上記1の一部（下線のあるもの）を事例として算定します（出典；総務省HP資料「地方公会計の整備促進に関するワーキンググループ（平成20年12月）「新地方公会計モデルにおける資産評価実務手引」）。

　(1)　②平均単価による評価（ア）町丁目単位

　「(3)　各評価方法の適用例2　平均単価による評価①　～固定資産税概要調書における地目単位～」のサンプルを用いて，町丁目（字）単位で平均単価による評価を行ってみます。

　　○　評価にあたって必要な資料

　　①物件概要…資産の場所の特定

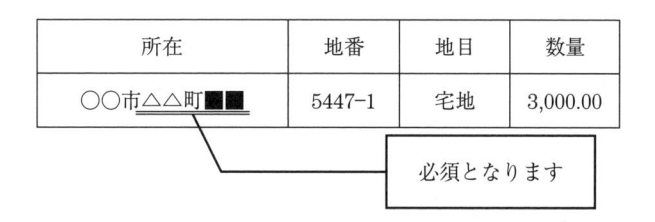

第3章 資産評価及び固定資産台帳整備の手引き

所在	地番	地目	数量
○○市△△町■■	5447-1	宅地	3,000.00

（○○市△△町■■ → 必須となります）

②集計用の固定資産税評価用データ例…平均単価の査定に必要なデータ
　一筆単位で，町丁目コード，課税地積，固定資産税評価額，地目が必要です。

	A	B	C	D
1	町丁目コード	課税地積	固定資産税評価額	現況地目
2	901032	26.31	470,685	宅地
3	901032	122.57	2,192,777	宅地
4	901032	210.97		宅地

（必須となります）

○　評価（地目別集計表の活用）
　まず町丁目コード「901032」に所在する筆で地目「宅地」について，課税地積の合計と固定資産税評価額の合計を求めると，以下のような集計表となります。

町丁目コード	課税地積の合計	固定資産税評価額の合計	現況地目	平均単価
901032	13,196.45	237,091,843	宅地	17,966

　この集計表について，固定資産税評価額の合計を課税地積の合計で除して町丁目単位の平均単価を求めます。

固定資産税評価額の合計　　課税地積の合計　町丁目単位の宅地の平均単価
　　237,091,843 円　　÷　　13,196.45m^2　　＝　　17,966 円/m^2

　評価対象地の評価額は，平均単価×数量となります。

115

```
          平均単価      数　量      評価額
     17,966 円/m² × 3,000m² = 53,898,000 円
なお，固定資産税評価額の取扱いには，十分な注意が必要です。
```

(2) （イ）固定資産税概要調書における地目単位
① 下図の赤丸内の黄色に着色した土地が評価対象地です。

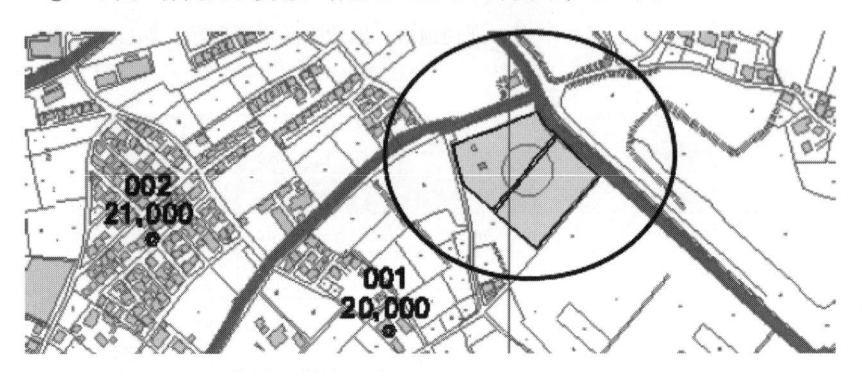

② 評価にあたって必要な資料
a. 物件概要…資産の場所の特定

所　在	地番	地目	数量
○○市△△町■■	5447-1	宅地	3,000.00

　　　　　　　　　　　地目の平均単価を採用するため必須

b. 概要調書
使用するのは，「第2表総括表（つづき）」のみです。
③ 評価　　評価対象地の評価額は，下記「第2表総括表（つづき）」の拡大部分
「宅地の平均価格」×数量となります。

```
          平均単価      数　量      評価額
     33,043 円/m² × 3,000m² = 99,129,000 円
```

第3章　資産評価及び固定資産台帳整備の手引き

地目	区分	行番号	非課税地筆数 [筆](イ)	評価総筆数 [筆](ロ)	筆　　　数 法定免税点未満のもの (ラ)-(カ) [筆](ヲ)	法定免税点以上のもの [筆](カ)	単　位　当　た　り　価　格 平均価格 (円/㎡)(ヨ)	最高価格 (円/㎡)(タ)
田	一般田	013		12,000	1,200	11,800	89	158
	介在田・市街化区域田	023		500	0	500	13,043	22,000
畑	一般畑	033		30,000	3,000	27,000	72	100
	介在畑・市街化区域畑	043		4,000	100	3,900	20,000	79,000
宅地	小規模住宅用地	053		60,000	1,000	59,000	36,667	115,000
	一般住宅用地	063		30,000	1,000	29,000	26,667	115,000
	住宅用地以外の宅地	073		20,000	0	20,000	33,750	120,000
	計	093	1,000	110,000	2,000	108,000	33,043	120,000
塩田		103		0				
鉱泉地		113		0				
池沼		113		150	10	140	36	680
山林	一般山林	123	700	7,000		6,500	50	70
	介在山林	123	50	900		900	12,222	42,000
牧場		143	100	33,750	0			
原野		153			50	350	54	65
雑種地	ゴルフ場の用地	163	100	33,043	100	2,300	3,000	4,000
	遊園地等の用地	173			100	0	10,000	46,000
	鉄軌道用地	183	5	500		500	12,222	15,000
	その他の雑種地	193	7,000	15,000	1,000	14,000	14,286	108,000
	計	203	7,205	16,600	1,200	17,460	9,677	108,000
その他		213	55,152					
合計		223	64,207	164,550	8,000	176,490	11,574	

④ 留意点

　概要調書の平均単価は，行政区域内のすべての土地を地目毎に単純集計するので，評価対象地の所在状況等によっては，実態を反映せず価格水準と大きく乖離する場合があります。特に宅地の評価においては，市街地宅地評価法適用地区とその他の宅地評価法適用地区をまとめて集計することとなるのでその傾向が強くなることに留意する必要があります。

(3)　(ウ) 宅地及び宅地比準土地の場合の平均単価　c. 用途地区単位

　「固定資産税概要調書における地目単位」のサンプルを用いて，宅地及び宅地比準土地の場合の平均単価による評価を行ってみます。

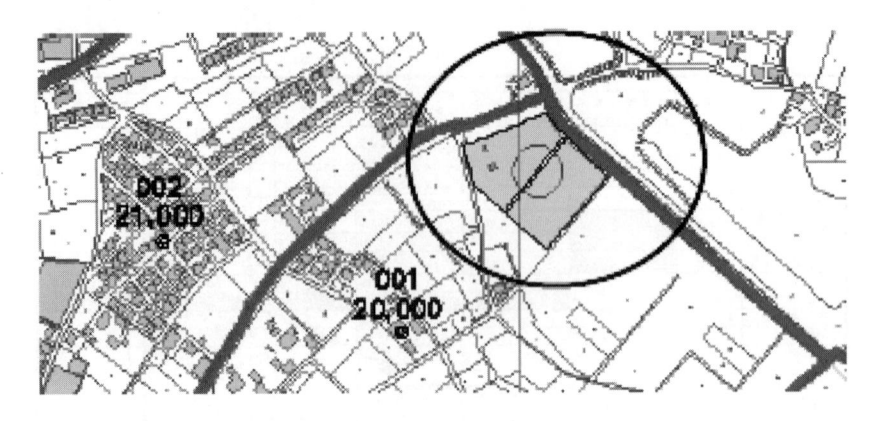

この方法は，固定資産税評価を行うために整備されているデータを集計することで各種の平均単価を求めることとなります。価格を求める必要がある資産の地方公共団体内での分布状況，資料の整備状況により，適用可能な評価方法を適用することとなります。

○　作業のながれ

物件の特定 ⇒ 平均単価の査定 ⇒ 評　価

c.　用途地区単位

；評価に必要な資料；物件概要⇒資産場所の特定

所　在	地番	地目	数量	用途地区
○○市△△町■■	5447-1	宅地	3,000.00	村落地区

固定資産税評価の用途調査に必要なため必須です

集計用の固定資産税評価用データ例　…　平均単価の査定に必要なデータ
一筆単位で，用途地区，課税地積，固定資産税評価額，地目が必要

第3章　資産評価及び固定資産台帳整備の手引き

	A	B	C	D	
1	用途地区	課税地積	固定資産税評価額	現況地目	
2	村落地区	127.44	2,106,838	宅地	
3	村落地区	138.00	892,170	雑種地	
4	村落地区	124.96		地	

必須となります

○　評　価（地目別集計表の活用）

まず地目が同一で，かつ用途地区（例；村落地区）が同一の筆について課税地積の合計と固定資産税評価額の合計を求めます。

用途地区	課税地積の合計	固定資産税評価額の合計	現況地目	平均単価
普通商業地区	111,691.04	8,017,159,972	宅地	71,779
併用住宅地区	1,580,939.93	83,749,245,130	宅地	52,974
普通住宅地区	10,638,660.11	430,145,284,620	宅地	40,432
中小工場地区	1,419,223.12	51,489,688,805	宅地	36,280
大工場地区	823,284.63	25,275,124,247	宅地	30,700
村落地区	6,671,522.58	108,736,493,179	宅地	16,298

集計表について，用途地区単位の宅地の平均単価を求める。

　　固定資産税評価額の合計　　課税地積の合計　　　村落地区の宅地の平均単価
　　　108,736,493,179 円　　÷　　6,671,522.58m^2　　=　　16,298 円/m^2

評価対象地の評価額は，

　　　平均単価　　　数　量　　　評価額
　　16,298 円/m^2 × 3,000m^2 = 48,894,000 円

＊なお，固定資産税評価額の取扱いには，十分な注意が必要です。

(3.3)　**建物・工作物・物品等**

81. 償却資産のうち建物については，原則として再調達価額から減価償却

119

累計額を控除した金額を計上します。具体的な算定方法は以下のとおりです。

○再調達価額＝延べ床面積×構造・用途別単価（円/m²）

○開始時簿価＝再調達価額－減価償却累計額

82. 構造・用途別単価としては，当該建物に係る保険金額（「別紙7」参照）を用いることとします。

83. 償却資産のうち工作物については，道路，橋梁，公園，港湾，河川，水路など多くの種類がありますが，資産の多くを占めると考えられる道路について，以下に例示します。（筆者注；表は別掲）

84. 開始時における道路の価額算定は，入手可能な情報の程度に応じて，上記「道路の取得価額の判明状況による算定方法」に示すいずれかの方法を採用または併用します。（以下略）

85. 道路の取得価額には，39段落のとおり，道路そのものの取得にかかる直接的な対価のほか，街灯，ガードレール，標識等の附属設備の価額を含めます。

87. また，道路幅員1.5m未満の道路，路面が舗装・コンクリート以外の道路は対象としないことができます。

88. 道路路面整備費が不明の場合，(C)の価額算定方法は以下のとおりです。

○再調達価額＝幅員別道路延長×道路幅員別単価（円/m）

○開始時簿価＝再調達価額－減価償却累計額

90. 船舶，浮標等（浮標・浮桟橋・浮ドック），航空機，物品の再調達価額の算定方法については，以下のとおりです。

○再調達価額＝同性能の当該資産の市場価額

○開始時簿価＝再調達価額－減価償却累計額

91. 上記の市場価額で評価する場合，類似製品が販売されている既製品については，同種または類似製品の販売を行っている業者の製品パンフレットやホームページ等を活用し，美術品・骨董品等については，美術

第3章　資産評価及び固定資産台帳整備の手引き

> 年鑑等に掲載された価額を用いるなど，簡易評価を採用することが考えられます。

1　建物（取得価額が不明な場合；「手引き」82，別紙7）

建物再調達価額基準建築単価表（【図表3-9】）は，建築年または建築価額が不明な建物及び年次別建築費指数表から該当する建築費指数が得られない建物に適用されます。

【図表3-9】　建物再調達価額基準建築単価表

(単位：円/m^2)

用途＼主体構造	鉄骨鉄筋コンクリート造	鉄筋コンクリート造	コンクリートブロック造	鉄骨造	木造
a　庁　舎	235,000	180,000	115,000	90,000	95,000
b　住　宅	165,000	155,000	105,000	90,000	100,000
c　校　舎	135,000	135,000	100,000	80,000	90,000
d　倉　庫	130,000	130,000	70,000	60,000	60,000
e　その他	205,000	155,000	100,000	70,000	95,000

注1)　木造学校建物のうち，建築年が昭和39年以前及び建築年数が不明なものは除く。
　2)　a庁舎の例；公会堂，図書館，病院等を含む，c校舎の例；学校，公民館，老人ホームなどを含む，eその他の例；プール，球技場，焼却場などを含む。

2　具体的算定事例（「手引き」82ほか）

上記1の【図表3-9】を使って取得価額を算定してみます（出典；総務省HP資料「地方公会計の整備促進に関するワーキンググループ（平成20年12月）「新地方公会計モデルにおける資産評価実務手引」）。

（ア）再調達価額

別表B9建物構造別・用途別の単価表を採用して求めます。なお，この単価には附属設備も含みますので，附属設備は別途計上しません。

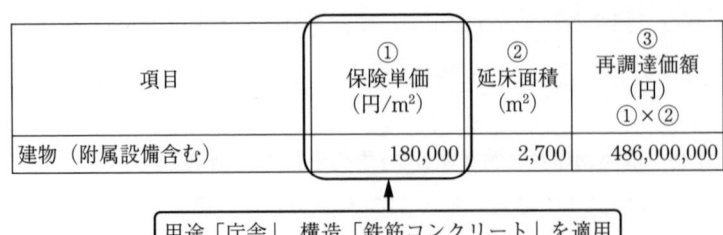

項目	① 保険単価 (円/m²)	② 延床面積 (m²)	③ 再調達価額 (円) ①×②
建物（附属設備含む）	180,000	2,700	486,000,000

用途「庁舎」，構造「鉄筋コンクリート」を適用

（イ）開始時簿価

　取得価額が判明する場合と同様，再調達価額から減価償却累計額を控除して求めます。ただし，減価償却費の算定に当たっては，附属設備を含んだ再調達価額を算定していますので，前記②と同様，建物本体の耐用年数を適用して求めます。

項目	④ 耐用年数	⑤ 償却率 (定額法)	⑥ 減価償却費 (円) ③×⑤	⑦ 経過年数	⑧ 減価償却累計額 (円) ⑥×⑦	⑨ 開始時簿価 (円) ③−⑧
建物（附属設備含む）	50	0.020	9,720,000	13	126,360,000	359,640,000

3　工作物

　償却資産で工作物のうち，特に道路は地方公共団体の保有する資産の多い割合を占めると考えられるため，（「手引き」83，84より抜粋）開始時における道路の価額算定は，入手可能な情報の程度に応じ判明状況を踏まえた算定方法が示されている（【図表3-10】）。

第３章　資産評価及び固定資産台帳整備の手引き

【図表 3-10】　道路の取得価額の判明状況による算定方法

取得価額の判明状況		固定資産台帳の記載単位	取得価額の算定方法
路線（区間）単位に判明		A：路線単位	路線単位の事業費を取得価額とする
路線（区間）単位では不明	年度単位の事業費が判明	B：年度単位の整備総延長キロ	年度単位の事業費総額（Aと併用する場合，Aの事業費を控除した額）をもって取得価額とする
	年度単位の事業費も不明	C：年度単位の幅員別整備延長キロ	幅員別現在単価表を用い，再調達価額を求める

道路路面整備費が不明の場合，価額算定方法
　○再調達価額＝幅員別道路延長×道路幅員別単価（円/m）
　○開始時簿価＝再調達価額－減価償却累計額

(3.4)　投資及び出資金（有価証券・出資金）

92. 満期保有目的有価証券は，満期まで所有する意図をもって保有している債券をいいます。満期保有目的有価証券の貸借対照表価額の測定は，償却原価法によって算定された価額を用います。ただし，満期保有目的有価証券で市場価格があるものについて，市場価格が著しく下落した場合には，回復する見込みがあると認められる場合を除き，市場価格をもって貸借対照表価額とします。なお，債券の市場価格の下落率が30％以上である場合には，「著しく下落した場合」に該当するものとします。この強制評価減に係る評価差額については，行政コスト計算書の臨時損失（その他）として計上します。回復する見込みがあると認められ，市場価格によって評価しない場合には，その旨，その理由及び市場価格との差額を注記します。
93. 満期保有目的以外の有価証券のうち，市場価格のあるものについては，基準日時点における市場価格をもって貸借対照表価額とし，この市場価

格での評価替えに係る評価差額については，洗替方式により，純資産変動計算書の資産評価差額として計上します。また，市場価格が著しく下落した場合にも，回復する見込みがあると認められる場合を除き，市場価格をもって貸借対照表価額としますが，この強制評価減に係る評価差額については，行政コスト計算書の臨時損失（その他）として計上します。なお，有価証券の市場価格の下落率が30％以上である場合には，「著しく下落した場合」に該当するものとします。回復する見込みがあると認められ，市場価格によって評価しない場合には，その旨，その理由及び市場価格との差額を注記します。

94．満期保有目的以外の有価証券のうち，市場価格のないものについては，取得原価または償却原価をもって貸借対照表価額とします。ただし，満期保有目的以外の有価証券のうち，市場価格のない株式について，発行会社の財政状態の悪化により実質価額が著しく低下した場合には，相当の減額を行います。なお，実質価額の低下割合が30％以上である場合には，「著しく低下した場合」に該当するものとします。連結対象団体及び会計に対するもの以外のこの強制評価減に係る評価差額については，行政コスト計算書の臨時損失（その他）として計上します。（略）

95．出資金は，公有財産として管理されている出資等をいいます。なお，出捐金は，地方自治法第238条第1項第7号の「出資による権利」に該当するため，出資金に含めて計上します。

1 有価証券の測定・表示

保有目的別の有価証券に関する貸借対照表価額の測定及び財務書類の表示については【図表3-11】のとおりです。

2 満期保有目的以外の市場価格のない有価証券について，実質価額が著しく低下した場合に行う相当の減額に係る実質価額の計算（Q&A3(1)-8）

①「金融商品会計に関する実務指針（日本公認会計士協会）」第92項

【図表3-11】 有価証券の測定・表示

定義	貸借対照表価額の測定	財務書類の表示
満期保有目的有価証券（満期まで所有する意図をもって保有している債券）	償却原価法によって算定された価額 市場価格があり，著しく下落（債券の市場価格の下落率が30%以上）した場合回復する見込みがあると認められる場合を除き，市場価格⇒貸借対照表価額	強制評価減に係る評価差額は，行政コスト計算書・臨時損失（その他）
満期保有目的以外の有価証券	回復する見込みがあると認められ，市場価格によって評価しない場合⇒	その旨，その理由及び市場価格との差額を注記
	市場価格のあるもの 基準日時点の市場価格⇒貸借対照表価額	この市場価格での評価替えに係る評価差額は，洗替方式により，純資産変動計算書の資産評価差額に計上
	⇒市場価格が著しく下落した場合（同上），回復する見込みがあると認められる場合を除き，市場価格＝貸借対照表価額	強制評価減に係る評価差額は，行政コスト計算書の臨時損失（その他）

「実質価額」＝（＊一株あたり純資産額）×（所有株式数）

　＊（相手先の直近の決算書の純資産額＋資産等の時価評価に基づく評価差額＋決算日後の後発事象の重要な影響）÷（発行済株式数（出資口数））＝一株（口）あたり純資産額

②作業負担を踏まえ，当該会計もしくは法人の純資産額（資産合計額から負債合計額を控除した額）に，当該団体の出資割合を乗じたものとすることもできることとします。

3　出資金

出資金について，市場価格の有無による測定・評価等の取扱いは【図表3-12】のとおりです。

【図表 3-12】 出資金の測定・評価等

	市場価格のあるもの	市場価格のないもの
貸借対照表価額	市場価格	出資金額
評価差額	洗替方式で純資産変動計算書・資産評価差額	
市場価格（実質価額）が著しく下落した場合（下落率が30％以上）	回復する見込みがあると認められるときを除き，市場価格	相当の減額
⇒この強制評価減に係る評価差額	行政コスト計算書の臨時損失（その他）	

　なお，上記以外の投資及び出資金で実質価額が著しく低下した場合（低下割合30％以上）は実質価額と取得原価の差額を臨時損失（投資損失引当金繰入額）として計上します。

(3.5) その他の資産等

99. 基金の評価基準は，基金を構成する資産の種類に応じて適用します。（各資産の評価基準を適用）
100. 棚卸資産は，商品・製品・半製品・原材料・仕掛品等をいい，販売用として所有する土地等も含まれ，原則として固定資産台帳とは別途管理することとしますが，固定資産台帳での管理を妨げるものではありません。
101. 棚卸資産については，取得価額をもって貸借対照表価額としますが，会計年度末の帳簿価額と正味実現可能価額のいずれか低い額で測定することとします（低価法）。正味実現可能価額は，通常の事業の過程における予想売価から，完成までに要する見積原価及び販売に要する見積費用を控除した額とします。また，棚卸資産のうち販売を目的として所有する土地等の評価額については，「地方公共団体の財政の健全化に関する法律施行規則」（略）第4条第2項各号に掲げる方法により算定する

ことができ，当該土地等であって売買契約の申し込みの勧誘を行っているものについても，同様に算定することができることとします。なお，重要性の乏しいものは対象外とします。

102. 徴収不能引当金は，債権全体または同種・同類の債権ごとに，債権の状況に応じて求めた過去の徴収不能実績率など合理的な基準により算定することとします。具体的には，以下の不納欠損率を用いて算定します。ただし，他の方法によることがより適当であると認められる場合には，当該方法により算定することができることとします。

1 棚卸資産

棚卸資産は，取得価額をもって貸借対照表価額とします。

なお，低価法（「会計年度末の帳簿価額」と「正味実現可能価額；通常の事業の過程における予想売価から，完成までに要する見積原価及び販売に要する見積費用を控除した額」のいずれか低い額）で測定します。

また，棚卸資産のうち販売を目的として所有する土地等の評価額については，「地方公共団体の財政の健全化に関する法律施行規則」第4条第2項各号に掲げる，①販売用土地の販売見込額，②当該年度の前年度における不動産鑑定士による鑑定評価，③当該販売用土地の近隣の地価公示法で規定する標準地での公示価格，④当該販売用土地について地方税法の土地課税台帳等の登録価格など全部で8つ方法のいずれかを基に，総務大臣が定める基準により算定します。

2 徴収不能引当金の算定方法

未収金に係る徴収不能引当金の算定方法としては，債権全体又は同種・同類の債権ごとに，過去の徴収不能実績率（過去5年間の不納欠損決定額／過去5年間の不納欠損決定前年度末債権残高＝不納欠損率，【図表3-13】：要領102「不納欠損率の算定方法」）を乗じることは，合理的な基準による算定の一例と考えられます。

なお，例えば，長期延滞債権に係る徴収不能引当金について勘定科目の趣旨

【図表 3-13】　不納欠損率の算定方法

	不納欠損決定前年度末債権残高	不納欠損決定額	不納欠損率
4年前	A4	B4	
3年前	A3	B3	(B4＋B3…＋B0)
⋮	⋮	⋮	／
当年度	A0	B0	(A4＋A3…＋A0)

を踏まえて個々の債権の事情に応じて算定することなど，他のより適当と認められる方法によっても算定することができます（Q&A3(1)-9）。

3　基金，徴収不能引当金等の管理台帳

　基金，徴収不能引当金等については，固定資産台帳での管理を妨げるものではありませんが，その性質や地方公共団体の実情に応じて別途管理することができます（Q&A3(2)-12）。

(3.6)　固定資産台帳の既整備団体の取扱い

> 109.　既に固定資産台帳が整備済または整備中であって，基準モデル等に基づいて評価されている資産について，合理的かつ客観的な基準によって評価されたものであれば，引き続き，当該評価額によることを許容することとします。ただし，その場合でも，道路，河川及び水路の敷地については，63段落による評価額を注記することとします。

7　固定資産台帳の整備手順

> 111.　固定資産台帳の整備にあたっては，その記載対象となる資産は，現状でも公有財産台帳といった各種台帳で管理されているものもあります

第 3 章　資産評価及び固定資産台帳整備の手引き

ので，作業の効率化を図る観点から，一から同台帳を作成するのではなく，可能な限り既存の公有財産台帳等から得られる情報を整理して整備することが考えられます。

1　固定資産台帳の整備・管理

要領に示された固定資産台帳整備の標準的な流れは【図表3-14】のとおり

【図表3-14】　固定資産台帳整備の標準的な流れ

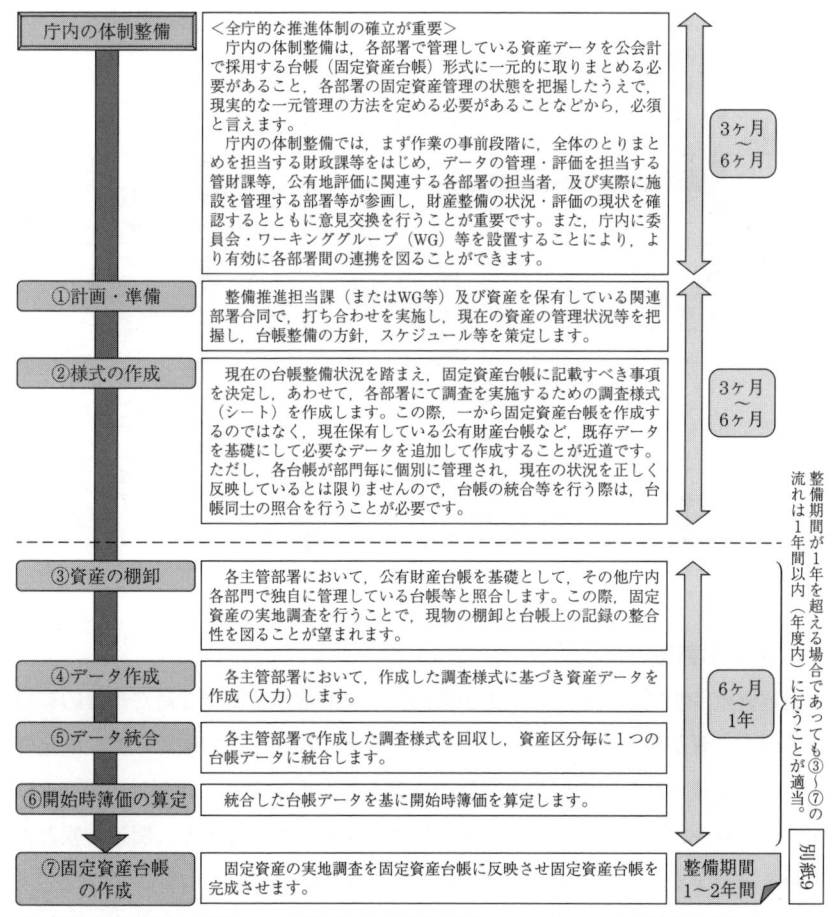

段階	内容	期間
庁内の体制整備	<全庁的な推進体制の確立が重要> 庁内の体制整備は，各部署で管理している資産データを公会計で採用する台帳（固定資産台帳）形式に一元的に取りまとめる必要があること，各部署の固定資産管理の状態を把握したうえで，現実的な一元管理の方法を定める必要があることなどから，必須と言えます。 庁内の体制整備では，まず作業の事前段階に，全体のとりまとめを担当する財政課等をはじめ，データの管理・評価を担当する管財課等，公有地評価に関連する各部署の担当者，及び実際に施設を管理する部署等が参画し，財産整備の状況・評価の現状を確認するとともに意見交換を行うことが重要です。また，庁内に委員会・ワーキンググループ（WG）等を設置することにより，より有効に各部署間の連携を図ることができます。	3ヶ月〜6ヶ月
①計画・準備	整備推進担当課（またはWG等）及び資産を保有している関連部署合同で，打ち合わせを実施し，現在の資産の管理状況等を把握し，台帳整備の方針，スケジュール等を策定します。	3ヶ月〜6ヶ月
②様式の作成	現在の台帳整備状況を踏まえ，固定資産台帳に記載すべき事項を決定し，あわせて，各部署にて調査を実施するための調査様式（シート）を作成します。この際，一から固定資産台帳を作成するのではなく，現在保有している公有財産台帳など，既存データを基礎にして必要なデータを追加して作成することが近道です。ただし，各台帳が部門毎に個別に管理され，現在の状況を正しく反映しているとは限りませんので，台帳の統合等を行う際は，台帳同士の照合を行うことが必要です。	
③資産の棚卸	各主管部署において，公有財産台帳を基礎として，その他庁内各部門で独自に管理している台帳等と照合します。この際，固定資産の実地調査を行うことで，現物の棚卸と台帳上の記録の整合性を図ることが望まれます。	6ヶ月〜1年
④データ作成	各主管部署において，作成した調査様式に基づき資産データを作成（入力）します。	
⑤データ統合	各主管部署で作成した調査様式を回収し，資産区分毎に1つの台帳データに統合します。	
⑥開始時簿価の算定	統合した台帳データを基に開始時簿価を算定します。	
⑦固定資産台帳の作成	固定資産の実地調査を固定資産台帳に反映させ固定資産台帳を完成させます。	整備期間 1〜2年間

整備期間が1年を超える場合であっても③〜⑦の流れは1年間以内（年度内）に行うことが適当。

別添9

※固定資産台帳の管理の手順としては，新規取得・異動があった資産について，③〜⑦の流れを行うことが基本となる。

です。これまでの公有財産台帳，道路台帳など既存のデータを有効活用して台帳整備を進めていくことが効率的です。

また，固定資産台帳整備後の管理については，【図表3-15】の流れが要領に示されております。

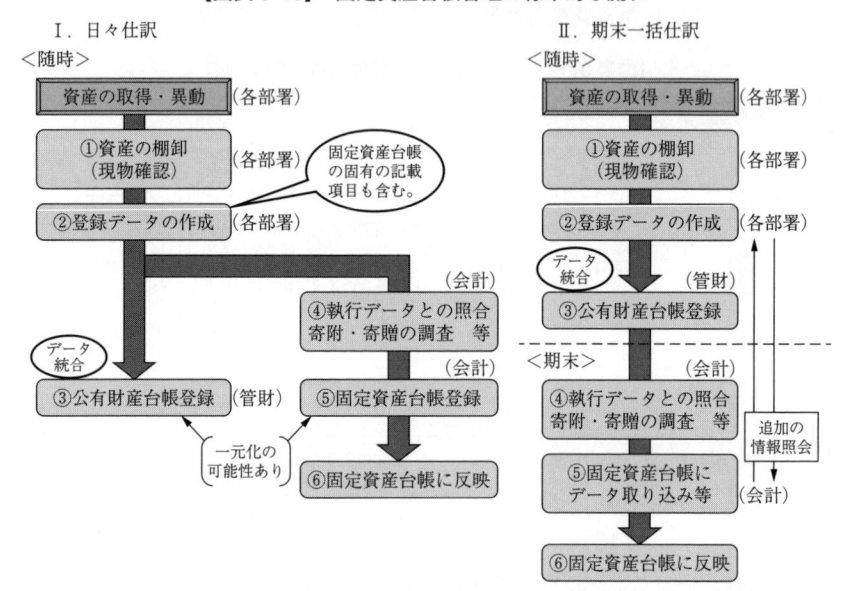

【図表3-15】 固定資産台帳管理の標準的な流れ

Ⅰ．日々仕訳
＜随時＞
- 資産の取得・異動（各部署）
- ①資産の棚卸（現物確認）（各部署）
- ②登録データの作成（各部署）
- ③公有財産台帳登録（管財）
- ④執行データとの照合 寄附・寄贈の調査 等（会計）
- ⑤固定資産台帳登録（会計）
- ⑥固定資産台帳に反映

（固定資産台帳の固有の記載項目も含む。）
（データ統合）
（一元化の可能性あり）

Ⅱ．期末一括仕訳
＜随時＞
- 資産の取得・異動（各部署）
- ①資産の棚卸（現物確認）（各部署）
- ②登録データの作成（各部署）
- ③公有財産台帳登録（管財）

（データ統合）

＜期末＞
- ④執行データとの照合 寄附・寄贈の調査 等（会計）
- ⑤固定資産台帳にデータ取り込み等（会計）
- ⑥固定資産台帳に反映

（追加の情報照会）

※1　新規に取得又は異動した資産以外についても，年1回を基本として固定資産台帳整備・管理担当課が各部署に照会をかけ，年度末の状況を把握する。
※2　期末に，固定資産台帳と貸借対照表の資産残高が一致しているか確認する。

2　資産の棚卸

　固定資産台帳には，実際に地方公共団体が所有等する固定資産が網羅的に記載される必要があります。このための固定資産の棚卸（現物確認）で，固定資産台帳に記載された固定資産と現物の一致を確かめること（計上されている固定資産が確かに存在して当該地方公共団体の所有であることや，関連台帳との整合を確認することなど）が重要です（要領121）。

　また，新規に取得又は異動した資産以外についても，年1回を基本として現

物確認とともに，期末に固定資産台帳と貸借対照表の資産残高が一致しているか確認することとしていることに留意が必要です（Q&A3(2)-12）。

3　固定資産の主な増減理由

固定資産の増減について主な理由【図表3-16】を理解しておくことは会計処理，固定資産台帳の整備・管理に有用です（要領127, 128）。

【図表3-16】　固定資産の主な増減理由

主な増加理由	主な減少理由
①新規有償取得 ②一部増加有償取得（改良，改造，付加等） ③建設仮勘定から本勘定への振替受 ④無償所管換受 ⑤交換受 ⑥寄付受 ⑦調査判明 ⑧再評価による増額	①売却 ②破損・滅失・取替等による除却（全部除却，一部除却） ③無償所管換出 ④交換出 ⑤寄付出 ⑥調査判明 ⑦減価償却 ⑧再評価による減額

第4章　連結財務書類の作成手順

1　連結財務書類の作成目的

1．本手引きは，「今後の新地方公会計の推進に関する研究会報告書」（平成26年4月30日公表）で示された統一的な財務書類等の作成基準（以下「統一的な基準」といいます。）について，連結財務書類の作成にあたっての実務的な取扱いを示したものです。
2．なお，全体財務書類及び連結財務書類のいずれの作成についてもこの手引きに基づくものとします。
3．都道府県・市区町村とその関連団体を連結してひとつの行政サービス実施主体としてとらえ，公的資金等によって形成された資産の状況，その財源とされた負債・純資産の状況さらには行政サービス提供に要したコストや資金収支の状況などを総合的に明らかにすることが連結財務書類の目的です。
4．また，連結財務書類を作成することによって，連結ベースにおける資産老朽化比率等の各種財政指標の把握が可能になり，公共施設等のマネジメントに資することも考えられます。

　公的資金等によって形成された資産の状況や，その財源とされた負債・純資産の状況さらには行政サービス提供に要したコストや資金収支の状況などを総合的に明らかにするためには，都道府県・市区町村だけでなく，その関連団体をあわせてひとつの行政サービス実施主体としてとらえることが必要となります。

　財務書類上も，都道府県・市区町村と，その関連団体とを連結して，ひとつの行政サービス実施主体として表示することが連結財務書類を作成する目的で

す。また，連結財務書類を作成することによって，連結ベースにおける資産老朽化比率等の各種財政指標の把握が可能になり，公共施設等の全体としてのマネジメントに役立たせることも考えられています。

2　連結財務書類の対象範囲と連結の方法

> 5．都道府県，市町村（特別区を含みます。）並びに地方自治法（昭和22年法律第67号。以下「自治法」といいます。）第284条第1項の一部事務組合及び広域連合（以下「地方公共団体」といいます。）は，一般会計及び地方公営事業会計以外の特別会計からなる一般会計等財務書類を財務書類作成要領（以下「作成要領」といいます。）に基づき作成します。さらに，一般会計等に地方公営事業会計を加えた全体財務書類，全体財務書類に地方公共団体の関連団体を加えた連結財務書類をあわせて作成することとします。一般会計等，全体及び連結財務書類の対象となる団体（会計）は，【図1　財務書類の対象となる団体（会計）】のとおりです。
> 6．連結財務書類の対象範囲については，地方公共団体と連携協力して行政サービスを実施している関連団体に該当するか否かで判断することとし，【図2　連結財務書類の対象範囲】のとおりとします。

　第2章の財務書類作成要領（共通事項．要領6）で解説したとおり，財政健全化法第2条第1項に規定する「一般会計等」を基礎として財務書類を作成します【図表4-1】。

　また，連結財務書類の対象範囲は【図表4-2】のとおりですが，全部連結とは連結対象団体（会計）の財務書類のすべてを合算すること，比例連結とは連結対象団体（会計）の財務書類を出資割合等に応じ合算することを意味します（Q&A4-1）。

第 4 章　連結財務書類の作成手順

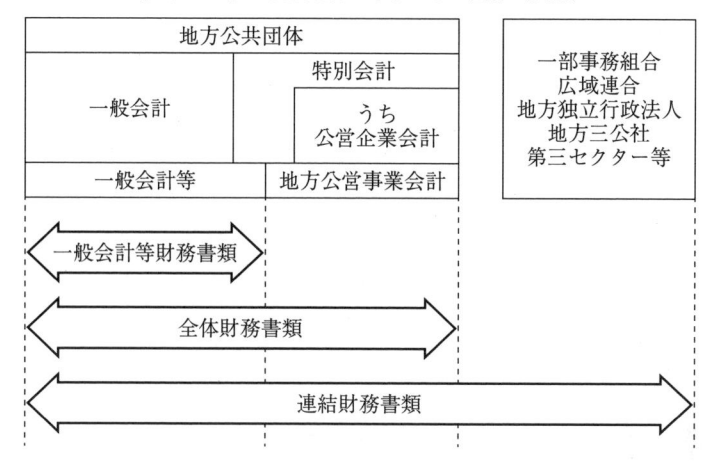

【図表 4-1】　財務書類の対象となる団体（会計）

地方公共団体				一部事務組合 広域連合 地方独立行政法人 地方三公社 第三セクター等
一般会計		特別会計		
^^		うち 公営企業会計		
一般会計等		地方公営事業会計		

　　　←一般会計等財務書類→
　　　←　　　　全体財務書類　　　　→
　　　←　　　　　　連結財務書類　　　　　　→

【図表 4-2】　連結財務書類の対象範囲

	都道府県・ 市区町村	一部事務組合・ 広域連合	地方独立行政法人	地方三公社	第三セクター等
全部連結	○ （全部連結）	—	○ （業務運営に実質的に主導的な立場を確保している地方公共団体が全部連結）	○ （業務運営に実質的に主導的な立場を確保している地方公共団体が全部連結）	○ （出資割合50％超又は出資割合50％以下で業務運営に実質的に主導的な立場を確保している地方公共団体が全部連結）
比例連結	—	○ （経費負担割合等に応じて比例連結）	△ （業務運営に実質的に主導的な立場を確保している地方公共団体を特定できない場合は，出資割合，活動実態等に応じて比例連結）	△ （業務運営に実質的に主導的な立場を確保している地方公共団体を特定できない場合は，出資割合，活動実態等に応じて比例連結）	△ （業務運営に実質的に主導的な立場を確保している地方公共団体を特定できない場合は，出資割合，活動実態等に応じて比例連結）
備考	一般会計等だけでなく，地方公営事業会計も含む。	一部事務組合・広域連合の運営は，規約において定められる負担割合に基づく構成団体の経費負担によって運営されており，解散した場合はその資産・負債は最終的には各構成団体に継承される。	地方独立行政法人は，中期計画の認可等を通じて設立団体の長の関与が及ぶとともに，設立団体から運営費交付金が交付される。	地方三公社（土地開発公社，地方道路公社及び地方住宅供給公社）は，いずれも特別の法律に基づき地方公共団体が全額出資して設立する法人であり，公共性の高い業務を行っている。	第三セクター等の業務運営に対しては，出資者等の立場から地方公共団体の関与が及ぶほか，地方自治法の規定により出資金の25％以上を出資している第三セクター等については監査委員による監査の対象となる。

135

3 連結対象団体（会計）ごとの連結の方法

(1) 都道府県・市区町村

> 7．一般会計等及び地方公営事業会計も全部連結の対象とし，全体財務書類を作成します。なお，法非適用の地方公営事業会計は，会計ごとに一般会計等の作成方法に準拠した財務書類を作成することとなります。

連結対象団体（会計）としては，(1) 都道府県・市区町村の他，(2) 一部事務組合・広域連合，(3) 地方独立行政法人，(4) 地方三公社（土地開発公社，地方道路公社，地方住宅供給公社），(5) 第三セクター等，(6) 共同設立等の地方独立行政法人・地方三公社があげられ，それぞれの連結方法が示されています。

なお，財産区および地方共同法人は連結の対象外とされています。これは，財産区はもともと市町村等に財産を帰属させられないという経緯から設けられた制度であるため，連結の対象外とされています。地方競馬全国協会，地方公務員災害補償基金，日本下水道事業団，地方公共団体金融機構及び地方公共団体情報システム機構といった地方共同法人には，地方公共団体が出資金や負担金を支払っているが，個々の団体の出資割合等は概して低いため，連結の対象外とされます（Q&A4-2）。

(2) 一部事務組合・広域連合

> 8．一部事務組合・広域連合は，規約において定められる負担割合に基づく構成団体の経費負担によって運営されており，解散した場合はその資産・負債は最終的には各構成団体に継承されます。このため，自らが加入するすべての一部事務組合・広域連合を比例連結の対象とします。

比例連結は，規約に基づく当該年度の経費負担割合等に応じて行います。し

【図表 4-3】 一部事務組合・広域連合の個別財務書類作成にかかる作業体制の選択肢

	作業主体	概要
1	一部事務組合・広域連合	連結対象の一部事務組合・広域連合が，個別財務書類の準備または作成，比例連結割合の算定を行い，構成団体に通知する。
2	主要な構成団体	主要な構成団体もしくは構成団体間の協議により決定した構成団体が，「個別財務書類の準備または作成」「比例連結割合の算定」を行い，他の構成団体に通知する。
3	都道府県	都道府県内ほぼ全ての市町村が加入する一部事務組合・広域連合の場合，都道府県が「個別財務書類の準備または作成」「比例連結割合の算定」を代わりに行い，構成団体に通知する。

かし，直近の複数年度において大幅な経費負担割合の変動があった場合や当該年度の経費負担がない場合など，当該年度の経費負担割合によることが合理的でない場合は，一定期間の経費負担割合の平均を用いるなど構成団体が協議して合理的な割合を決定することができます。

　一部事務組合・広域連合が複数の事務を行っており，会計が区分されている場合は，会計ごとに個別財務書類を作成したうえで比例連結割合を算定し，比例連結を行います。なお，初年度の連結財務書類を作成するにあたって期首残高を算定する際の比例連結割合は，期末残高を算定する際に用いたものと同じ割合を用いることができます（Q&A4-3）。

　連結財務書類を円滑に作成するためには，【図表 4-3】のように作業体制を構成団体間であらかじめ取り決め，各一部事務組合・広域連合の実情に応じた方法を選択し，計画的に作業を進める必要があります。

（3）　地方独立行政法人・地方三公社・第三セクター等

14. 地方独立行政法人は，中期計画の認可等を通じて設立団体の長の関与が及ぶとともに，設立団体から運営費交付金が交付されること等も踏まえ，自らが出資したすべての地方独立行政法人を全部連結の対象とします。

15. 当該地方独立行政法人が連結の範囲に含めた特定関連会社も連結対象とします。
17. 公有地の拡大の推進に関する法律（略）に基づく土地開発公社，地方道路公社法（略）に基づく地方道路公社及び地方住宅供給公社法（略）に基づく地方住宅供給公社は，いずれも特別の法律に基づき地方公共団体が全額出資して設立する法人であり，公共性の高い業務を行っています。特別法により長の関与が及び，補助金の交付がなされるほか，土地開発公社及び地方道路公社については，法人に対する政府の財政援助の制限に関する法律（略）の規定にかかわらずその債務に対して地方公共団体が債務保証をすることができるほか，債務は設立団体である地方公共団体が最終的には負うこととされていること，地方住宅供給公社の資金調達に対しても地方公共団体が広く損失補償を行うなどの財政措置が行われ，その経営には実質的に地方公共団体が責任を負っていると考えられること等を踏まえ，全部連結の対象とします。
19. 第三セクター等の業務運営に対しては，法律の規定に基づき出資者，出えん者の立場から地方公共団体の関与が及ぶほか，自治法の規定により出資金等の25％以上を出資している第三セクター等については監査委員による監査の対象となり（自治法第199条及び地方自治法施行令（略，以下「自治法令」といいます。）第140条の7），50％以上を出資している第三セクター等には，予算の執行に関する長の調査権等が及ぶとともに，議会に対する経営状況の提出義務が課せられます（自治法第221条第3項，第243条の3第2項及び自治法令第152条第1項）。

　連結財務書類に含められる子会社の判断基準としては，企業会計に準じて支配力基準が採用されます。
　具体的には，出資割合が50％超の第三セクター等は，地方公共団体の関与及び財政支援の下で，実質的に主導的な立場を確保していると考えられるため，全部連結の対象とされます。出資割合が50％以下であっても，役員の派遣，

第4章 連結財務書類の作成手順

【図表4-4】 全部連結の対象に含めるべき第三セクター等にあたるケースの例

1	第三セクター等の資金調達額の総額の過半（50％超）を設立団体からの貸付額が占めている場合（資金調達額は設立団体および金融機関等からの借入など貸借対照表の負債の部に計上されているものとする。設立団体からの貸付額には損失補償等を含むこととするが，補助金，委託料等は含まないものとする。）
2	第三セクター等の意思決定機関（取締役会，理事会等）の構成員の過半数を行政からの派遣職員が占める場合，あるいは構成員の決定に重要な影響力を有している場合
3	第三セクター等への補助金等が当該第三セクター等の収益の大部分を占める場合（相当程度の人件費補助等重要な補助金を交付している場合）
4	第三セクター等との間に重要な委託契約（当該第三セクター等の業務の大部分を占める場合など）が存在する場合
5	業務運営に関与しない出資者や出えん者の存在により，実質的には当該地方公共団体の意思決定にしたがって業務運営が行われている場合

財政支援等の実態や，出資及び損失補償等の財政支援の状況を総合的に勘案して，その第三セクター等の業務運営に実質的に主導的な立場を確保していると認められる場合には，全部連結の対象とされます。全部連結の対象とならないものであっても，出資割合や活動実態等に応じて，比例連結の対象とされますが，出資割合が25％未満であって，損失補償を付している等の重要性がない場合は，比例連結の対象としないことができることとなっております。

第三セクター等の経営に実質的に主導的な立場を確保しているかどうかは，企業会計における支配力基準を参考に，個々の第三セクター等の実態に即して各地方公共団体において判断されます（具体的には【図4-4】のとおり）。

連結財務書類を円滑に作成するためには，【図表4-3】のように作業体制を構成団体間であらかじめ取り決め，各一部事務組合・広域連合の実情に応じた方法を選択し，計画的に作業を進める必要があります（Q&AA4-4）。

(4) 共同設立等の地方独立行政法人・地方三公社

27. 出資割合や財政支出の状況等から業務運営に実質的に主導的な立場を

139

確保している地方公共団体が全部連結を行うことを原則とします。

　業務運営に実質的に主導的な立場を確保している地方公共団体を特定できない場合は，出資割合，活動実態等に応じて比例連結を行うこととされています。
　地方道路公社は，財政健全化法施行規則第12条第1号で定める「出資割合又は設立団体間で協議の上定めた割合」により比例連結を行い，土地開発公社は，構成団体が特定される項目（依頼土地及び依頼土地に係る借入金，当該年度の土地の売買に関する項目）は，それぞれの団体に帰属する金額をもって連結を行い，それ以外の項目は，財政健全化法施行規則第12条第2号で定める「出資割合又は設立団体間で協議の上定めた割合」に応じて按分します。

4　連結決算日

33．連結決算日は3月31日とします。なお，連結対象団体（会計）の決算日が3月31日と異なる場合，3月31日における仮決算を行うことを原則としますが，決算日の差異が3か月を超えない場合には，連結対象団体（会計）の決算を基礎として連結手続を行うことができることとします。

5　連結財務書類の体系

(1)　体系及び様式

34．連結財務書類の体系は，連結貸借対照表，連結行政コスト計算書，連結純資産変動計算書，連結資金収支計算書及びこれらの連結財務書類に関連する連結附属明細書とし，連結行政コスト計算書及び連結純資産変動計算書については，別々の計算書としても，その二つを結合した計算

第 4 章　連結財務書類の作成手順

> 書としても差し支えないこととします。これら連結財務書類の様式については，様式第 1 号から様式第 5 号までのとおりとします。なお，全体財務書類については，様式第 1 号から様式第 5 号までに準じて作成します。

　連結財務書類の体系と留意事項は【図表 4-5 から図表 4-10】のとおりです（連結附属明細書（様式第 5 号）は省略）。
　連結対象団体（会計）においては，純資産を固定資産等形成分と余剰分（不足分）という内訳に分類していない場合も多いため，その事務負担等に配慮して，連結純資産変動計算書において当該内訳を記載しないことも許容されています。この場合，連結貸借対照表においては，固定資産の額に流動資産における短期貸付金及び基金等を加えた額を固定資産等形成分に記載し（①），他団体出資等分を連結純資産変動計算書から転記したうえで（②），純資産額からこれらをあわせた額を差し引いた額を余剰分（不足分）に記載する（③）こととなります。
　なお，連結純資産変動計算書においては，連結貸借対照表における固定資産等形成分及び余剰分（不足分）の額を転記し，本年度純資産変動額には，転記されたそれぞれの額から前年度末の残高を差し引いた額を記載します（様式上のコメントは，要領 38 から引用）。
　連結行政コスト計算書及び連結純資産変動計算書については，その二つを結合した計算書（様式第 2 号及び第 3 号））とすることもできます。
　全体財務書類については，様式第 1 号から様式第 5 号までに準じて作成します。また，連結資金収支計算書は，その事務負担等に配慮して当分の間は作成せず，連結精算表でも業務活動収支，投資活動収支及び財務活動収支といった本年度資金収支額の内訳は記載を省略することが許容されていますが，その場合でも，全体資金収支計算書は作成しなければならないとされています。

【図表4-5】 連結貸借対照表（様式第1号）

【様式第1号】

連結貸借対照表
（平成　年　月　日現在）

(単位：　)

科目	金額	科目	金額
【資産の部】 　固定資産 　　有形固定資産 　　　事業用資産 　　　　土地 　　　　立木竹 　　　　建物 　　　　建物減価償却累計額 　　　　工作物 　　　　工作物減価償却累計額 　　　　船舶 　　　　船舶減価償却累計額 　　　　浮標等 　　　　浮標等減価償却累計額 　　　　航空機 　　　　航空機減価償却累計額 　　　　その他 　　　　その他減価償却累計額 　　　　建設仮勘定 　　　インフラ資産 　　　　土地 　　　　建物 　　　　建物減価償却累計額 　　　　工作物 　　　　工作物減価償却累計額 　　　　その他 　　　　その他減価償却累計額 　　　　建設仮勘定 　　　物品 　　　物品減価償却累計額 　　無形固定資産 　　　ソフトウェア 　　　その他 　　投資その他の資産 　　　投資及び出資金 　　　　有価証券 　　　　出資金 　　　　その他 　　　長期延滞債権 　　　長期貸付金 　　　基金 　　　　減債基金 　　　　その他 　　　その他 　　　徴収不能引当金 　流動資産 　　現金預金 　　未収金 　　短期貸付金 　　基金 　　　財政調整基金 　　　減債基金 　　棚卸資産 　　その他 　　徴収不能引当金 　繰延資産 　　　　資産合計		【負債の部】 　固定負債 　　地方債等 　　長期未払金 　　退職手当引当金 　　損失補償等引当金 　　その他 　流動負債 　　1年内償還予定地方債等 　　未払金 　　未払費用 　　前受金 　　前受収益 　　賞与等引当金 　　預り金 　　その他 　　　　　負債合計 【純資産の部】 　固定資産等形成分 　余剰分（不足分） 　他団体出資等分 　　　　純資産合計 　負債及び純資産合計	

第4章　連結財務書類の作成手順

【図表4-6】　連結純資産変動計算書において当該内訳を記載しないこととした場合の連結貸借対照表の記載手順

連結貸借対照表
（平成　年　月　日現在）

（単位：　）

科目	金額	科目	金額
【資産の部】 固定資産 　有形固定資産 　　事業用資産 　　　… 　　インフラ資産 　　　… 　　物品 　　物品減価償却累計額 　無形固定資産 　　ソフトウェア 　　その他 　投資その他の資産 　　投資及び出資金 　　　… 　　長期延滞債権 　　長期貸付金 　　基金 　　　… 　　その他 　　徴収不能引当金 流動資産 　現金預金 　未収金 　短期貸付金 　基金 　　財政調整基金 　　減債基金 　棚卸資産 　その他 　徴収不能引当金 繰延資産		【負債の部】 固定負債 　地方債等 　長期未払金 　退職手当引当金 　損失補償等引当金 　その他 流動負債 　1年内償還予定地方債等 　未払金 　未払費用 　前受金 　前受収益 　賞与等引当金 　預り金 　その他	
		負債合計	
		【純資産の部】 固定資産等形成分 余剰分（不足分） 他団体出資等分	
		純資産合計	
資産合計		負債及び純資産合計	

①合計額を記載

②純資産変動計算書より転記

③純資産額から固定資産等形成分と他団体出資等分をあわせた額を引いた額を記載

143

【図表 4-7】 連結行政コスト計算書（様式第 2 号）

【様式第 2 号】

連結行政コスト計算書
自 平成　年　月　日
至 平成　年　月　日

（単位：　　）

科目	金額
経常費用　　業務費用　　　人件費　　　　職員給与費　　　　賞与等引当金繰入額　　　　退職手当引当金繰入額　　　　その他　　　物件費等　　　　物件費　　　　維持補修費　　　　減価償却費　　　　その他　　　その他の業務費用　　　　支払利息　　　　徴収不能引当金繰入額　　　　その他　　移転費用　　　補助金等　　　社会保障給付　　　その他　経常収益　　使用料及び手数料　　その他	
純経常行政コスト	
臨時損失　　災害復旧事業費　　資産除売却損　　損失補償等引当金繰入額　　その他　臨時利益　　資産売却益　　その他	
純行政コスト	

144

第4章　連結財務書類の作成手順

【図表 4-8】　連結純資産変動計算書（様式第 3 号）

連結純資産変動計算書
自　平成　年　月　日
至　平成　年　月　日

（単位：　　）

科目	合計	固定資産等形成分	余剰分（不足分）	他団体出資等分
前年度末純資産残高				
純行政コスト（△）				
財源				
税収等				
国県等補助金				
本年度差額				
固定資産等の変動（内部変動）				
有形固定資産等の増加				
有形固定資産等の減少				
貸付金・基金等の増加			省略可能	
貸付金・基金等の減少				
資産評価差額				
無償所管換等				
他団体出資等分の増加				
他団体出資等分の減少				
その他				
本年度純資産変動額				
本年度末純資産残高		連結貸借対照表より転記		

【図表 4-9】 様式第 2 号及び第 3 号　連結行政コスト及び純資産変動計算書

連結行政コスト及び純資産変動計算書　【様式第 2 号及び第 3 号】
自　平成　　年　　月　　日
至　平成　　年　　月　　日

（単位：　　）

科目	金額			
経常費用				
業務費用				
人件費				
職員給与費				
賞与等引当金繰入額				
退職手当引当金繰入額				
その他				
物件費等				
物件費				
維持補修費				
減価償却費				
その他				
その他の業務費用				
支払利息				
徴収不能引当金繰入額				
その他				
移転費用				
補助金等				
社会保障給付				
その他				
経常収益				
使用料及び手数料				
その他				
純経常行政コスト				
臨時損失				
災害復旧事業費				
資産除売却損				
損失補償等引当金繰入額				
その他				
臨時利益				
資産売却益				

		金額		
		固定資産等形成分	余剰分（不足分）	他団体出資等分
その他				
純行政コスト				
財源				
税収等				
国県等補助金				
本年度差額				
固定資産等の変動（内部変動）				
有形固定資産等の増加				
有形固定資産等の減少				
貸付金・基金等の増加				
貸付金・基金等の減少				
資産評価差額				
無償所管換等				
他団体出資等分の増加				
他団体出資等分の減少				
その他				
本年度純資産変動額				
前年度末純資産残高				
本年度末純資産残高				

第 4 章　連結財務書類の作成手順

【図表 4-10】　連結資金収支計算書（様式第 4 号）

【様式第 4 号】

連結資金収支計算書
自　平成　　年　　月　　日
至　平成　　年　　月　　日

（単位：　　）

科目	金額
【業務活動収支】	
業務支出	
業務費用支出	
人件費支出	
物件費等支出	
支払利息支出	
その他の支出	
移転費用支出	
補助金等支出	
社会保障給付支出	
その他の支出	
業務収入	
税収等収入	
国県等補助金収入	
使用料及び手数料収入	
その他の収入	
臨時支出	
災害復旧事業費支出	
その他の支出	
臨時収入	
業務活動収支	
【投資活動収支】	
投資活動支出	
公共施設等整備費支出	
基金積立金支出	
投資及び出資金支出	
貸付金支出	
その他の支出	
投資活動収入	
国県等補助金収入	
基金取崩収入	
貸付金元金回収収入	
資産売却収入	
その他の収入	
投資活動収支	
【財務活動収支】	
財務活動支出	
地方債等償還支出	
その他の支出	
財務活動収入	
地方債等発行収入	
その他の収入	
財務活動収支	
本年度資金収支額	
前年度末資金残高	
本年度末資金残高	

前年度末歳計外現金残高	
本年度歳計外現金増減額	
本年度末歳計外現金残高	
本年度末現金預金残高	

147

(2) 各財務書類作成上の留意点

> 39. 連結財務書類は4表または3表以外にも連結附属明細書もあわせて作成することが望ましいですが，連結附属明細書のうち有形固定資産の明細及び連結精算表以外については，その事務負担等に配慮して，作成しないことも許容することとします。

連結対象団体（会計）に対する地方公共団体の出資額と連結対象団体（会計）の純資産額との差額については，連結貸借対照表にのれんまたは負ののれん（連結調整勘定）として計上することはせず，連結行政コスト計算書に臨時損失または臨時利益として計上することとされています。

新たに連結対象団体（会計）となった団体（会計）がある場合には，以下の会計処理を行うことになります。ただし，連結開始貸借対照表の作成時点で既に連結対象団体（会計）となっている場合には，連結開始貸借対照表においてこれら出資額と純資産額の相殺消去を行えば良いとされ，連結行政コスト計算書における処理は必要とされません。

　ア　連結対象団体（会計）に対する地方公共団体の出資額が連結対象団体（会計）の純資産額より大きい場合，連結行政コスト計算書における「臨時損失」の「その他」に，その差額を計上。

　イ　連結対象団体（会計）に対する地方公共団体の出資額が連結対象団体（会計）の純資産額より小さい場合，連結行政コスト計算書における「臨時利益」の「その他」に，その差額を計上。

全部連結した連結対象団体（会計）の当該地方公共団体以外の出資分については，連結貸借対照表に他団体出資等分として計上されます。

株式会社等では社債発行費等は繰延資産として計上されていますが，繰延資産は一般会計等で表示している固定資産及び流動資産のどちらにも該当しないので，連結貸借対照表の「繰延資産」にその額を計上します。

連結貸借対照表では間接法により有形固定資産を表示することができますが，株式会社等の連結対象団体（会計）で減損処理を適用している場合には，固定

資産ごとに「減損損失累計額」として勘定科目を追加します。

(3) 注記

> 44. 連結財務書類を作成するにあたって記載すべき注記をまとめると以下のとおりとなります。ただし、それぞれの事項について連結対象団体（会計）ごとに異なる場合には、連結対象団体（会計）ごとに記載する必要があります。

　記載すべき注記としては、重要な会計方針、重要な会計方針の変更、重要な後発事象、偶発債務、その他の追加情報などがあります。

(3.1) 重要な会計方針の記載

　連結財務書類作成のために採用している会計処理の原則及び手続並びに表示方法その他連結財務書類作成のための基本となる事項を重要な会計方針として記載します。

①有形固定資産等の評価基準及び評価方法
②有価証券等の評価基準及び評価方法
③有形固定資産等の減価償却の方法
④引当金の計上基準及び算定方法
⑤リース取引の処理方法
⑥連結資金収支計算書における資金の範囲
⑦採用した消費税等の会計処理
⑧連結対象団体（会計）の決算日が一般会計等と異なる場合は、当該決算日及び連結のため当該連結対象団体（会計）について特に行った処理の概要
⑨その他連結財務書類作成のための基本となる重要な事項

(3.2) 「重要な会計方針の変更」の記載

　重要な会計方針を変更した場合には、次の事項を「重要な会計方針」の次に

記載しなければなりません。
①会計処理の原則または手続を変更した場合には，その旨，変更の理由及び当該変更が連結財務書類に与えている影響の内容
②表示方法を変更した場合には，その旨
③連結資金収支計算書における資金の範囲を変更した場合には，その旨，変更の理由及び当該変更が連結資金収支計算書に与えている影響の内容

(3.3) 重要な後発事象の記載

　重要な後発事象として，会計年度終了後，連結財務書類を作成する日までに発生した事象で，翌年度以降の地方公共団体の財務状況等に影響を及ぼす後発事象のうち，①主要な業務の改廃，②組織・機構の大幅な変更，③地方財政制度の大幅な改正，④重大な災害等の発生，⑤その他重要な後発事象を記載します。

(3.4) 偶発債務の記載

　偶発債務として，会計年度末においては現実の債務ではないが，将来一定の条件を満たすような事態が生じた場合に債務となるもののうち，次のものを記載します。
①保証債務及び損失補償債務負担の状況（総額，確定債務額及び履行すべき額が確定していないものの内訳（連結貸借対照表計上額及び未計上額））
②係争中の訴訟等で損害賠償等の請求を受けているもの
③その他主要な偶発債務

(3.5) その他の追加情報の記載

　その他の追加情報として，財務書類の内容を理解するために必要と認められる次の事項を記載します。
①連結対象団体（会計）の一覧，連結の方法（比例連結の場合は比例連結割合を含みます。）及び連結対象と判断した理由

②出納整理期間について，出納整理期間が設けられている旨（根拠条文を含みます。）及び出納整理期間における現金の受払い等を終了した後の計数をもって会計年度末の計数としている旨，出納整理期間が異なる連結対象団体（会計）がある場合は当該団体（会計）の一覧と修正の仕方
③表示単位未満の金額は四捨五入することとしているが，四捨五入により合計金額に齟齬が生じる場合は，その旨
④その他連結財務書類の内容を理解するために必要と認められる事項

　この他，連結貸借対照表に係るものとして，減価償却について直接法を採用した場合，当該各有形固定資産の科目別または一括による減価償却累計額を記載します。

　なお，前年度末歳計外現金残高，本年度歳計外現金増減額，本年度末歳計外現金残高及び本年度末現金預金残高について，連結資金収支計算書の欄外に記載します。

6　連結財務書類の作成手順

51. 連結財務書類の作成は，【図5　連結財務書類の作成手順の概要】のとおり概ね5つの段階に分けて行います。（図；略）
52. 「Ⅲ　連結財務書類の対象範囲と連結の方法」に基づき，連結対象団体（会計）を決定します。
53. 連結財務書類の作成にあたり，（略）連結対象団体（会計）それぞれについて，連結対象団体（会計）の法定決算書類を取り寄せるか，新たに個別財務書類を作成する必要があります。
57. 連結対象団体（会計）ごとに適用される会計基準が異なるとともに，法定決算書類と統一的な基準の連結財務書類とでは表示科目も異なることから，統一的な基準の連結財務書類の科目に揃えるために，表示科目の「読替え」を行います。読替えは連結対象団体（会計）ごとに作成さ

れた連結科目対応表を参考に行います。
60. 連結対象団体（会計）で法定決算書類が作成されている場合，その法定決算書類の表示科目の読替えを行います。
66. 統一的な基準において，出納整理期間の定めがある連結対象団体（会計）と，定めのない連結対象団体（会計）との間で取引があり，出納整理期間中にN年度に帰属する資金の授受がある場合には，N年度末に現金の受払い等が終了したものとして調整します。
77. 連結対象団体（会計）間で行われている，資金の出資（受入），貸付（借入），返済（回収），利息の支払（受取），売上（支払），繰出（繰入）等，原則としてすべての内部取引を相殺消去します。

連結財務書類の作成手順の概要

(1) 連結対象団体（会計）の決定

連結対象団体（会計）の決定は「Ⅲ連結財務書類の対象範囲と連結の方法」に基づいて行います。

(2) 法定決算書類の取寄せまたは個別財務書類の作成

連結財務書類の作成にあたり，(1)で決定した連結対象団体（会計）それぞれについて，連結対象団体（会計）の法定決算書類を取り寄せるか，新たに個別財務書類を作成しなければなりません。

(3) 法定決算書類の読替え

適用される会計基準が異なり，表示科目も異なるため，統一的な基準の連結財務書類の科目に揃えるために，表示科目の「読替え」を行います。読替えは連結対象団体（会計）ごとに作成された連結科目対応表を参考に行います。

(4) 法定決算書類の連結修正等

①連結修正（その1）（資産・負債等の修正）

連結対象団体（会計）で法定決算書類が作成されている場合，その法定決算書類の表示科目の読替えを行います。

ア　一般会計等の「資産評価及び固定資産台帳整備の手引き」に基づいた有形固定資産等の評価を行います。
　イ　評価額は一般会計等と同様に売却可能価額とします。なお，販売用不動産は販売目的で保有しているものであり，棚卸資産に計上されるので，未使用・未利用になっている売却可能資産とは明確に区別しなければなりません。
　ウ　投資及び出資金は，その種類ごとに償却原価や市場価格等により評価します。
　エ　貸付金や未収金等の債権は回収可能性に基づいて徴収不能引当金として計上します。
　オ　退職手当引当金，賞与等引当金は，一般会計等に準拠して計上します。
②連結修正（その2）（出納整理期間中の現金の受払い等の調整）
　連結対象団体（会計）には出納整理期間を持つ一般会計等と持たない公営企業会計，地方独立行政法人，地方三公社及び第三セクター等が混在しています。そのため，統一的な基準において，出納整理期間の定めがある連結対象団体（会計）と，定めのない連結対象団体（会計）との間で取引があり，出納整理期間中にN年度に帰属する資金の授受がある場合には，N年度末に現金の受払い等が終了したものとして調整します。出納整理期間とは，歳入調定や支出負担行為等の所定の手続を完了し，前会計年度末までに確定した債権債務の整理を行うために設けられている期間である地方公共団体の場合，会計年度終了後の翌年度の4月1日から5月31日までの2ヶ月間を指します。
③他団体出資等分の算定
　純資産のうち，地方公共団体の持分以外の部分について他団体出資等分を認識します。他団体出資等分は，連結対象団体（会計）の純資産に当該地方公共団体以外の出資等の割合を乗じた額で，その額を余剰分（不足分）から差し引きます。
④2年目以降に連結財務書類を作成する際の注意点

２年目以降に連結財務書類を作成する際に，前年度に①，②及び③で説明した連結修正等を行っていた場合，連結純資産変動計算書の前年度末純資産残高や連結資金収支計算書の前年度末資金残高の記入額には注意を要します。

　連結修正等によって前年度末の純資産残高や資金残高が変動していた場合，当年度の期首において前年度末と同額を引き継ぐ必要がありますが，いわゆる「開始仕訳」を行わないと，同額が引き継がれなくなるからです。

(5) 純計処理（単純合算と内部取引の相殺消去等）

　連結対象団体（会計）間で行われている，資金の出資（受入），貸付（借入），返済（回収），利息の支払（受取），売上（支払），繰出（繰入）等，原則としてすべての内部取引を相殺消去します。

　ア　すべての連結対象団体（会計）が様式第6号の「内部取引調査票」を記入し，連結内部の取引を洗い出しします。

　イ　連結対象団体（会計）の内部取引調査票を相互に突き合わせ，連結内部の取引を確定します。

　ウ　確定した取引を様式第7号の「相殺消去集計表」に転記し，一般会計等，全体，連結財務書類のそれぞれについて相殺消去すべき合計額を算定します。

　エ　相殺消去集計表で算出された合計または総合計の額を連結精算表の「相殺消去」の欄に転記し，純計処理を行います。

　相殺消去の典型的な類型には，「残高の相殺消去」として，投資と資本の相殺消去，貸付金・借入金等の債権債務の相殺消去，「取引高の相殺消去」として，補助金支出と補助金収入，会計間の繰入れ・繰出し，資産購入と売却の相殺消去，委託料の支払と受取，利息の支払と受取などがあります（Q&A4-6）。

第5章　財務書類作成にあたっての基礎知識

　本章は,「統一的な基準による地方公会計マニュアル(平成27年1月)」で公表された『財務書類作成にあたっての基礎知識』から,基本的かつ重要と思われるものを抜粋して説明します。

1　単式簿記と複式簿記

　企業会計は,複式簿記による発生主義会計を採用していますが,地方公共団体における予算・決算に係る会計制度(官庁会計)は,現金収支を議会の民主的統制下に置くことで,予算の適正・確実な執行を図るという観点から,確定性,客観性,透明性に優れた単式簿記による現金主義会計を採用しています【図表5-1】。

【図表5-1】　単式簿記と複式簿記の比較

単式簿記	複式簿記
現金100万円で車を1台購入	
現金支出100万円を記帳するのみ	現金支出(100万円)とともに資産の増加(100万円)を記帳
公有財産台帳等に記載し現物管理(数量情報;車1台)	固定資産台帳に記載(数量情報;車が1台,金額情報も記録)⇒ストック情報(資産・負債)の総体の一覧的把握が可能

2　現金主義会計と発生主義会計

　会計とは,「経済主体が行う取引を認識(いつ記録するか)・測定(いくらで記録するか)した上で,帳簿に記録し,報告書を作成する一連の手続き」をいいますが,取引の認識基準の考え方には,次の二つがあります【図表5-2】。

【図表5-2】 現金主義会計と発生主義会計の比較

現金主義会計	発生主義会計
現金の収支に着目した会計処理原則	経済事象の発生に着目した会計処理原則
（利点） 現金の収支という客観的な情報に基づくため，公金の適正な出納管理に資する。	（利点） 減価償却費，退職手当引当金等といった見えにくいコストも含む正確なコストの認識が可能となり，経済的事実の発生に基づいた「適正な期間損益計算」を行う。

3 地方公共団体の会計（官庁会計）と民間企業（株式会社）の会計

　地方公共団体における予算・決算に係る会計制度（官庁会計）は，予算の適正・確実な執行を図るという観点から，単式簿記による現金主義会計を採用しています。一方で，財政の透明性を高め，説明責任をより適切に図る観点から，単式簿記による現金主義会計では把握できない情報（ストック情報（資産・負債）や見えにくいコスト情報（減価償却費等））を住民や議会等に説明する必要性が一層高まっており，複式簿記による発生主義会計の導入が重要です。
　これにより，ストック情報と現金支出を伴わないコストも含めたフルコストでのフロー情報の把握が可能となりますので，公共施設等の将来更新必要額の推計や事業別・施設別のセグメント分析等，公共施設等のマネジメントへの活用充実につなげることも可能となります。さらに，財務書類の作成過程で整備される固定資産台帳を公開することで，民間企業からPPP／PFIに関する積極的な提案が行われることも期待されます。上記を意識して統一的な基準による財務書類等の作成を進めることが，使える地方公会計となる第一歩となります【図表5-3】。

【図表5-3】 現金主義会計と発生主義会計の比較

項目	地方公共団体（官庁会計）	民間企業（企業会計）
作成目的	住民の福祉の増進	利益の追求
報告主体	首長	取締役
報告先	住民（提出先は議会）	株主（提出先は株主総会）
説明責任	議会の承認・認定（予算・決算） →事前統制（予算）の重視	株主総会の承認（決算） →事後統制（決算）の重視
簿記方式	単式簿記	複式簿記
認識基準	現金主義会計	発生主義会計
出納整理期間	あり	なし
決算書類	歳入歳出決算書、歳入歳出決算事項別明細書、実質収支に関する調書、財産に関する調書	貸借対照表　損益計算書　株主資本等変動計算書　キャッシュ・フロー計算書

4 統一的な基準による財務書類の概要

注）（　）は企業会計での名称

【貸借対照表】（貸借対照表，Balance Sheet 略称 BS）
　・基準日時点における財政状態（資産・負債・純資産の残高及び内訳）を表示したもの

【行政コスト計算書】（損益計算書，Profit and Loss Statement 略称 PL）
　・一会計期間中の費用・収益の取引高を表示したもの
　　⇒現金収支を伴わない減価償却費等も費用として計上

【純資産変動計算書】（株主資本等変動計算書，Net Worth Statement 略称 NW）
　・一会計期間中の純資産（及びその内部構成）の変動を表示したもの

【資金収支計算書】（キャッシュ・フロー計算書，Cash Flow Statement 略称 CF）
　・一会計期間中の現金の受払いを3つの区分で表示したもの

複式簿記による仕訳処理については，統一的な基準では，それぞれ計上される財務書類に応じて，よくあるパターンとして8要素の組合せに区分されますが，そのイメージは【図表5-4】のとおりです。

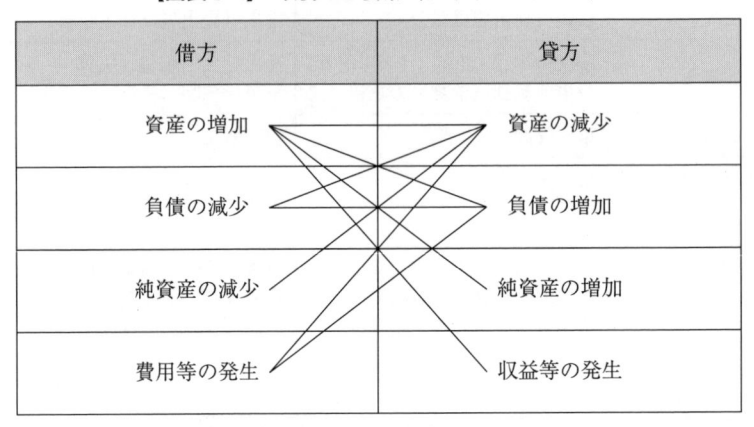

【図表5-4】　取引の8要素（よくあるパターン）

借方	貸方
資産の増加	資産の減少
負債の減少	負債の増加
純資産の減少	純資産の増加
費用等の発生	収益等の発生

　「行政コスト計算書」は，借方（左側）と貸方（右側）の大きさにより差額が生じますが，「貸借対照表」は，必ず「資産＝負債＋純資産」となります。（このことを，「貸借平均の原理」といいます。）また，下記の取引の8要素（よくあるパターン）については，統一的な基準では，効率的に資金収支計算書を作成する観点から，仕訳上は，資産「現金預金」を同計算書の勘定科目に置き換えて処理することに留意してください。

　なお，統一的な基準では，【図表5-5】のとおり，要素として「資産」，「負債」，「純資産」，「費用等（費用，その他の純資産減少原因）」及び「収益等（収益，財源及びその他の純資産増加原因）」に区分されます。

第 5 章　財務書類作成にあたっての基礎知識

【図表 5-5】　貸借対照表と行政コスト計算書のイメージ

【貸借対照表】

借方	貸方
資産	負債
	純資産

【行政コスト計算書】

借方	貸方
費用	収益

5　統一的な基準による財務書類作成の流れ

仕訳処理も含めた財務書類作成の流れは，【図表 5-6】のとおりとなります。

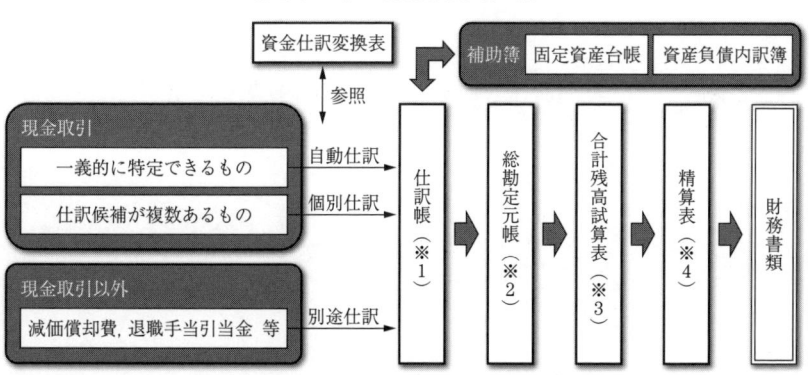

【図表 5-6】　財務書類作成の流れ

現金取引
- 一義的に特定できるもの → 自動仕訳
- 仕訳候補が複数あるもの → 個別仕訳

現金取引以外
- 減価償却費，退職手当引当金 等 → 別途仕訳

資金仕訳変換表 ← 参照

補助簿：固定資産台帳，資産負債内訳簿

仕訳帳（※1） → 総勘定元帳（※2） → 合計残高試算表（※3） → 精算表（※4） → 財務書類

※1　仕訳帳：取引を仕訳して記録する帳簿
※2　総勘定元帳：勘定科目ごとに金額の増減を記録・計算する帳簿
※3　合計残高試算表：総勘定元帳の勘定科目ごとの残高と合計額を表示
※4　精算表：合計残高試算表の残高について財務書類ごとに表示

第 6 章　財務書類等の活用想定事例集

1　財務書類活用の視点

　これまで，全ての都道府県及びほとんどの市町村においては，基準モデルや総務省方式改訂モデル等の統一的な新地方公会計制度以前から，貸借対照表をはじめとした財務書類については，作成され，概ね各地方公共団体のホームページ等で公表されてきたところです。

　しかし，公表されている財務書類の多くは，公表はされているものの会計全体のみを示しているものや，解説やコメントが不足しているものが少なからず見受けられ，地域住民をはじめとした利用者にはわかりにくいものとなっております。また，予算編成や行政評価等において積極的に活用している地方公共団体は未だ一部に限られている状況と言えます。

　今後，統一的な基準による財務書類等が作成されることにより，【図表6-1】のとおり，その特徴点に基づきマネジメント・ツールとしての財務書類等の機能を積極的に活用していくことが期待されます。

【図表 6-1】　統一的な基準による財務書類等の作成により期待される活用事例

	現　状		今　後
①発生主義・複式簿記の導入	総務省方式改訂モデルでは決算統計データを活用して財務書類を作成	統一的な基準	発生の都度又は期末一括で複式仕訳（決算統計データの活用からの脱却）
②固定資産台帳の整備	総務省方式改訂モデルでは固定資産台帳の整備が必ずしも前提とされていない		固定資産台帳の整備を前提とすることで公共施設等のマネジメントにも活用可能
③比較可能性の確保	基準モデルや総務省方式改訂モデル，その他の方式（東京都方式等）が混在		統一的な基準による財務書類等によって団体間での比較可能性を確保

出典；総務省「財務書類等活用の手引き」Ⅰ財務書類等活用の視点から引用

次頁以降では、「財務書類等活用の手引き」(総務省)で掲げられている 12 事例(参考事例を含む。)の活用の視点(目の付けどころ)をベースに筆者が要約・一部修正するとともに、各自治体がホームページ等で既に公表している具体的取組内容と併せて紹介することとします。加えて、オリジナルの活用事例(作成・見方の研究)を示します。なお、これらの多くは、「統一的な基準による財務書類」以前のモデルによる活用事例であることを付言しておきます。

2　具体的な活用ケース

【活用ケース1】財政指標の設定(資産老朽化比率)

　公共施設等のマネジメントに活用するため、財務書類の数値から資産老朽化比率を算出し、施設(類型別)の老朽化度合いを測る。

【具体的取組】

　有形固定資産のうち、「償却資産の取得価格」に対する「減価償却累計額」の割合を計算し、耐用年数に対して資産の取得からどの程度経過しているのかについて、市全体の老朽化比率だけでなく、施設類型別の老朽化比率を全体として把握する。

$$\text{資産老朽化比率} = \frac{(減価償却累計額)}{\binom{償却資産(建物及び工作物)}{の貸借対照表額} + (減価償却累計額)}$$

【期待される効果等】

　当該老朽化比率を用いるとともに、各施設の実際の損耗状況等も検証し、公共施設等の老朽化対策の優先度を踏まえたメリハリのある予算編成や、策定が求められている『公共施設等総合管理計画』の策定を進めることにつなげることが期待される。

第6章　財務書類等の活用想定事例集

1　公共施設等の総合的かつ計画的な管理の推進について（平成26年4月総務大臣通知）のポイント

地方公共団体においても，「公共施設等の老朽化対策が大きな課題」。

①厳しい財政状況，②人口減少等により公共施設等の利用需要の変化が予想
⇒早急に公共施設等の全体状況を把握
⇒長期的な視点で更新・統廃合・長寿命化等を計画的に行い，財政負担を軽減・平準化や公共施設等の最適配置の実現が必要
（多くの自治体では28年度までに公共施設等総合管理計画の策定完了予定）

2　資産老朽化比率

これまでの「決算統計や地方財政健全化法における既存の財政指標」では，「資産の老朽化度合い」までは把握不可
⇒統一的な基準による新地方公会計「貸借対照表」からは把握可能

> 資産老朽化比率（有形固定資産全体）
> ＝減価償却累計額÷（有形固定資産－土地＋減価償却累計額）
> 【解説】有形固定資産のうち，土地以外の償却資産について，耐用年数に対して取得時からどの程度経過しているのかを把握することができます。比率が高いほど施設等の老朽化が進んでいることを示します。この指標は，資産の新規取得金額が当該年度の減価償却費を上回れば減少し，資産の新規取得金額が当該年度の減価償却費を下回れば上昇します。

さらに，保育所，公民館など施設（類型）ごとなどの資産老朽化比率を算出
⇒老朽化対策の優先順位を検討する際の参考となる
⇒当該優先順位を踏まえたメリハリのある予算編成への展開も可能

3 市川市(千葉県)の事例

(1) 貸借対照表の指標分析(出典;平成24年度財務書類4表:抜粋)

資産老朽化比率=減価償却累計額÷建物等取得価額×100(%)

建物など,年数が経つことによって資産価値が減少していく償却資産について,その使用年数がどの程度経過しているのかを表しており,この比率が高い(耐用年数が迫っている)ほど,老朽化が進んでいることを示し,今後,補修などの費用が多くかかることが予想されます。(注;作成時は基準モデル)

(単位:百万円)

区分	平成24年度 単体	平成24年度 連結	平成23年度 単体	平成23年度 連結
建物等取得価額 (A)	383,126	383,635	372,758	372,289
減価償却累計額 (B)	217,467	217,841	203,302	203,671
年度末現在 建物等簿価 (C)=(A)−(B)	165,659	165,794	169,087	168,987
資産老朽化比率 (B)÷(A)	56.8 %	56.8 %	54.6 %	54.6 %

(2) 主な公共施設の老朽化比率

【幼稚園】一部抜粋

資産名称	資産老朽化比率(C)=(A−B)/(A) 平成24年度	平成23年度	増減
二俣幼稚園	79.8 %	77.9 %	1.8 %
南行徳幼稚園	72.5 %	72.1 %	0.4 %
(以下略)			

*施設ごとの2か年度の取得額(A),年度末時点の評価額(B)も掲載されていたが,紙幅の都合上割愛した。
(出典;市川市HP「新地方公会計制度」更新日2015年8月より抜粋)
http://www.city.ichikawa.lg.jp/fin01/1111000095.html

第6章　財務書類等の活用想定事例集

> 【活用ケース2】財政指標の設定（将来世代負担比率等）
>
> 各種財政指標による類似団体比較
>
> （総務省の掲載事例；静岡県浜松市）
>
> 　当該自治体の財務状況について住民にとってわかりやすい情報開示を行うため，（発生主義・複式簿記に基づく）財務書類から把握可能となる各種財政指標を類似団体と比較して示す。

【具体的取組】

　当該自治体の「市民一人当たり資産額，歳入額対資産比率」などの各種財政指標を，ホームページの財政部門の箇所において，他の政令指定都市（基準モデル）の各指標と比較して表示

【期待される効果等】

　類似団体との比較による各種財政指標により，自市の財政状況をわかりやすく住民へ説明することができる。

　また，例えば，歳入額対資産比率が他市の平均値と比べて高くなっていた場合，インフラ資産のあり方等（過大な資産規模になっているかなど）を公共施設等総合管理計画の策定過程で検討されることが期待される。

1　資産形成規模（歳入額対資産比率）

上記事例1同様，統一的な基準による新地方公会計での「財務書類等」から把握が可能となります。

> 歳入額対資産比率
> ＝資産合計÷歳入総額（収入総額）
>
> 【解説】これまでに形成されたストックである資産が，何年分の歳入で充当されたものであるかをみます。
>
> 　比率が高いと社会資本整備が進んでいると考えられますが，反面維持管

理費による財政負担が大きくなるとも考えられます。人口規模が大きい団体は歳入規模も大きくなるためこの比率は低くなる傾向があります。なお，分析に当たっては，原因分析（資産・歳入両面）と経年比較（今回はなし）の視点が必要です。

2 札幌市の事例

(1) 貸借対照表の指標分析（出典；財務諸表平成25年度決算版：抜粋）

市民1人あたりの貸借対照表の数値を算出することで，資産の額や将来に残される負債の額が，他の団体と比較して大きいのか小さいのかがわかります。類似団体である他の政令指定都市のうち，平成27年1月9日現在総務省方式改訂モデルにより貸借対照表（平成25年度）を作成・公表している5都市との比較を行いました。札幌市の市民1人あたりの資産，負債は政令市平均を下回る一方，純資産は政令市平均を上回っています。

(単位：千円)

	札幌	仙台	相模原	大阪	岡山	福岡	平均
一人あたり資産（A）	1,983	2,305	1,202	3,214	1,314	2,573	2,098
一人あたり負債（B）	618	893	459	1,247	469	1,002	782
一人あたり純資産（A－B）	1,364	1,413	742	1,967	844	1,570	1,317

出典）https://www.city.sapporo.jp/zaisei/kohyo/zaimu/bs/documents/25all_00.pdf

(2) 他都市比較の留意点

財務指標の他都市比較に当たっては，地理的条件，人口規模，インフラ整備の経緯，（これまでは財務書類作成のモデルの違いもあった）などにより，比較対象自治体を選定する必要があります。

3 財務書類分析の視点

貸借対照表など財務書類を作成することにより，上記資産老朽化比率に加えて次の指標が算定できることとなり，住民等のニーズに合致した分析が行えるようとなります。

分析の視点	住民等のニーズ	指標
資産形成度	将来世代に残る資産はどのくらいあるか	▶ 住民一人当たり資産額 ▶ 有形固定資産の行政目的別割合 ▶ 歳入額対資産比率 ▶ 資産老朽化比率
世代間公平性	将来世代と現世代との負担の分担は適切か	▶ 純資産比率 ▶ 社会資本等形成の世代間負担比率（将来世代負担比率） 〔関係指標〕将来負担比率
持続可能性（健全性）	財政に持続可能性があるか（どのくらい借金があるか）	▶ 住民一人当たり負債額 ▶ 基礎的財政収支 ▶ 債務償還可能年数 〔関係指標〕健全化判断比率
効率性	行政サービスは効率的に提供されているか	▶ 住民一人当たり行政コスト ▶ 性質別・行政目的別行政コスト
弾力性	資産形成を行う余裕はどのくらいあるか	▶ 行政コスト対税収等比率 〔関係指標〕経常収支比率 　　　　　　実質公債費比率
自律性	歳入はどのくらい税金等でまかなわれているか（受益者負担の水準はどうなっているか）	▶ 受益者負担の割合 〔関係指標〕財政力指数

＊上記算定の方法の一部は，巻末の補章に事例が掲載してあるので参考としてください。なお，「社会資本形成の世代間負担比率」については重要です。

○将来世代によって負担しなければならない割合

　＝**地方債残高÷公共資産合計**

　　増減の原因分析⇒地方債の推移，発行計画，臨時財政対策債の影響等

○これまでの世代によってすでに負担された割合

　＝**純資産合計÷公共資産合計**

増減の原因分析⇒公共事業等資産形成の実績，債権・投資・出資の推移等

【活用ケース3】適切な資産管理（将来の施設更新必要額の推計）

将来の施設更新必要額の推計

（総務省の掲載事例；東京都稲城市）

　インフラを含む公共施設等の老朽化対策にかかる数値を把握するため，将来の施設更新必要額のシミュレーションを実施する。

【具体的取組】
　財務書類を作成するために整備した固定資産台帳のデータを活用し，①全ての施設を再調達価額で更新する，②耐用年数終了時に施設の更新を行う，という前提条件として，将来の施設更新必要額を推計する。
【期待される効果等】
　当該推計結果等から，施設更新必要額が時期によってバラツキがあり，全体として施設更新に相当なコストが必要であることが判明したことから，庁内で公共施設等の老朽化対策という課題意識を共有し，施設の更新時期の適切な平準化や総量抑制等（更新・統廃合・長寿命化）を公共施設等総合管理計画に沿って実施していくことが期待される。

　【活用ケース1～3】において，地方公会計による施設（資産）の老朽化の状況把握といった取り組みを紹介しましたが，こうした事柄は地方公共団体全てに該当する喫緊の課題といえます。
　平成27年12月に総務省から公表された『地方財政の健全化及び地方債制度の見直しに関する研究会報告書』において，財政健全化に向けては，「地方公会計により把握される新たな財政指標による財政分析，指標の組合せによる財政分析等を行い，より分かりやすい財政状況の開示，財政運営への活用を促進」する必要性について言及されています（平成27年12月4日総務省報道資

料『報告書』及び『同概要』)。

　特に，公共施設等の老朽化問題への対応としては，①健全化判断比率や財政力指数，経常収支比率といった既存の財政指標では，資産の老朽化度合いまでを把握することはできないこと，②資産の情報については，「財産に関する調書」で公有財産，物品，債権及び基金の種別に記載されていますが，土地及び建物並びに山林は地積や面積で測定され，動産も個数で表示されるなど，地方公共団体の保有する資産の老朽化度合いに関する情報を得ることはできないことが課題として挙げられています。

　したがって，公共施設等の更新・統廃合・長寿命化といった老朽化対策に本格的に取り組むためにも，資産の老朽化度合いを何らかの方法で把握することが求められるとしています。具体的な財政分析としては，①地方公会計による指標（資産老朽化比率及び債務償還可能年数）や，②「将来負担比率と資産老朽化比率」の組合せ，「将来負担比率と実質公債費比率」の組合せについて，財政状況資料集への追加を検討するなどの対応が必要とされ，また，③既存指標の分析・活用の促進（経常収支比率及びその内訳の経年比較や類似団体比較）のさらなる促進すべきとされています。

【活用ケース4】適切な資産管理（未収債権の徴収体制の強化）

未収債権の徴収体制の強化

（総務省の掲載事例；千葉県習志野市）
　未収債権の種類毎に担当課が分かれる中で，全庁統一的な基準による徴収手続きが実施されていなかった市全体の債権額について，貸借対照表で改めて明らかとする。

【具体的取組】
　財務書類（貸借対照表）上，市全体の債権額，貸倒引当金を記載するこ

とにより，市全体の債権額が「見える化」され，『貸倒引当金控除後の債権額』を最低徴収目標として示す。
【期待される効果等】
　徴収目標が示されることにより，職員の取組意識が向上するとともに，数値改善に向けた未収債権の徴収体制強化が具体的に実施されること（①債権管理条例の制定，②債権管理課の設置，③債権管理連絡会議の設置など）が期待される。

　大阪府では，債権の適正管理に向けて「大阪府債権の回収及び整理に関する条例」を平成22年に定め，また，財務規則の規定に基づき，毎年度2回以上債権管理者による自己検査の実施が義務付けています。自己検査内容所属長（室・課長）が滞納債権ごとに，①債権管理簿の点検・更新，②債務者の状況確認，③督促状の送付，④定期的な催告の実施，⑤時効管理の確認の項目の視点でチェックを行い，その結果を債権管理者（部局長等）に報告を行うとともに，課題等があった場合は，事務改善等の措置を講じることとしています。
（出典：大阪府HP「債権管理の自己検査について」更新日2015年9月30日）
　　　　　　　　　　　http://www.pref.osaka.lg.jp/zei/jikokensa/index.html
　なお，新公会制度による財務諸表の作成において，大阪府財務諸表作成基準により将来発生する可能性の高い損失に備えるため，条例に基づく債権回収・整理計画にて設定される債権区分（回収対象債権，整理対象債権）を基に，新公会計制度における債権（一般債権，貸倒懸念債権，破産・更生債権）に分類の上，合理的な算定基準（過去の不納欠損等の実績，債務者の財政状態等，回収見込額に基づき，引当金（不納欠損引当金，貸倒引当金）を計上しています。
（出典：総務省府HP「今後の新地方公会計の推進に関する実務研究会（第5回，平成26年10月14日）資料5-1「大阪府作成資料」より抜粋）
http://www.soumu.go.jp/main_sosiki/kenkyu/chikousuijitu/02zaisei07_03000095.html

第6章　財務書類等の活用想定事例集

【活用ケース5】セグメント分析（予算編成への活用）

予算要求特別枠の創設

（想定事例）

　厳しい財政状況の下，予算要求枠が制限されており，公共施設等の抜本的な老朽化対策を講じることができていないため，財務書類のデータを利用して予算編成への活用を図る。

【具体的取組】
　中長期的なコスト減につながる事業については，予算要求資料として施設別の行政コスト計算書等を提出することを条件として，通常の予算要求枠とは別に「（知事）予算要求特別枠」を設定する。

【期待される効果等】
　予算要求特別枠の創設により，コスト意識をもって財務書類を予算編成に積極的に活用するという庁内の風土が醸成されることが期待される。
　なお，想定事例では，行政コスト計算書を活用して減価償却費の考え方を採り入れることにより，施設の統合整備（老朽化したＡ・Ｂの2施設を維持し続けるよりも統合・機能強化した新施設を建設）することで中長期的なコスト減につながるとした案件が紹介されている。

【解説】

事業別・施設別行政コスト計算書等によるセグメント分析の活用及び導入手法などについて

　総務省「財務書類等活用の手引き」では，上述の事業別・施設別セグメント分析による活用事例を次のとおり示しております。

事例	活用内容	自治体名
5	予算編成（予算要求特別枠の創設）	想定事例
6	施設の統廃合（公民館の統廃合）	熊本県宇城市
7	施設使用料の適正化（受益者負担の適正化）	千葉県浦安市
8	行政評価との連携・予算編成への活用 （図書館の行政評価等）	静岡県浜松市
9	人件費等の按分基準設定（セグメント分析）	大阪府

【活用ケース6】セグメント分析（施設の統廃合）

セグメント分析による公民館の統廃合

（総務省の掲載事例；熊本県宇城市）

　当該自治体では，他団体比較で多額となっている物件費等の削減目標を達成するため，区域内全施設の現状や役割・管理運営等を検証し，管理運営等の合理化案（適正配置や効率的・効果的な管理運営のあり方）を検討する。

【具体的取組】
　「施設白書」を策定し，全ての施設についてバランスシートと行政コスト計算書を作成し，施設別セグメント分析や検討を実施する。

【期待される効果等】
　施設の現状把握と将来展望，施設群による比較を実施することにより，施設の統廃合や，施設運営の一部または全部の民間委託が実現することが期待される。

　宇城市の財務書類及び分析の具体例は，【活用ケース18】に掲載してありますので，参考としてください。

第6章　財務書類等の活用想定事例集

【活用ケース7】セグメント分析（受益者負担の適正化）

セグメント分析による施設使用料の適正化

（総務省の掲載事例；千葉県浦安市）

　受益と負担の原則に基づいて公正かつ透明性の高い受益者負担制度の運用に資するため，「施設使用料の設定及び改定基準」及び関連資料を策定する。

【具体的取組】

　施設別行政コスト計算書の経常費用等を活用して「施設のトータルコスト」を算出し，当該コストに対する施設類型毎の受益者負担率をシュミレーションして，施設使用料等を算定する。

【期待される効果等】

　「施設のトータルコスト」から，『現行使用料』と『あるべき使用料』を算定することにより，条例改正に向けた説得力のある住民説明資料・議会上程資料の策定が可能となることが期待される。

【活用ケース8】セグメント分析（行政評価との連携・予算編成への活用）

セグメント分析による図書館の行政評価等

（総務省の掲載事例；静岡県浜松市）

　施設別の行政コスト計算書等による行政評価結果を活用して，具体的な予算編成を実施する。

【具体的取組】

　施設別の行政コスト計算書等から，設定指標単位当たりのコストの増減，利用者数の増減を分析するとともに，指定管理者制度に移行した場合の行

政コスト計算書等を作成して，直営の場合との差異を比較検討する。
【期待される効果等】
　施設別の行政コスト計算書等の作成・分析結果を行政評価に活用するとともに，当該評価結果を予算編成に活用することによって，コスト削減と市民サービス向上の両立を図ることが期待される。
　なお，事例では，予算編成に当たり，現行の直営による場合と，指定管理者制度に移行した場合の施設運営に関する『行政コスト計算書等』を作成・比較検討することにより，図書館のアウトソーシング化（指定管理者制度への移行）に至った案件が紹介されている。

【活用ケース9】セグメント分析（人件費等の按分基準の設定）

セグメント分析のための人件費等の按分

（総務省の掲載事例；大阪府）

　財務書類の活用に当たっては，事務事業別といった必要な単位に応じた精緻なセグメント分析が有効であるため，（大多数の自治体では事務事業費と別立てに計上されている現状にある）人件費等に関して，各事務事業に適切に按分する。

【具体的取組】
　人件費等を適切に按分するために，「職階別平均給与額を用いることで，事務事業側で管理不能な要素（配置職員の年齢差等に基づく給与差額）をできるだけ排除」する実務指針【具体例；（職階別平均給与額）×（事務事業別職員数）】を作成する。
筆者注）本事例で，総務・管理部門の人件費，庁舎の減価償却費などの費用は，関係する事務事業すべてに按分するのではなく，総務・管理部門と

して独立した事務事業単位を設定し区分しているところは参考になると思います。

【期待される効果等】

　各事務事業について，人件費等も含めたコストを適切に算定することでより正確なセグメント分析を実現し，納得性の高い予算編成や政策評価等への活用につなげていくことが期待できる。

1　愛知県の事例（ケース9に対応して）

「愛知県の新たな公会計制度について」によると，『県民や投資家等の皆様に対し，アカウンタビリティ（説明責任）の充実を図るとともに，マネジメントにおいて財務情報の活用を図り，より効率的・効果的な行財政運営を行っていくことを目的として，複式簿記・発生主義による新たな公会計制度を導入し，行政評価や予算編成といったマネジメントプロセスの一体改革に取り組みます。』としています。

　具体的には行政評価や予算編成にあたり，①管理事業単位の設定，②施策体系の見直しや，ア　行政評価と予算編成の事業単位の統一，イ　事業毎の人件費・公債費の適切な把握，ウ　予算と決算の対応関係の明確化などを行うこととし，特に，多くの場合，職員給与費が特定の目に一括計上されているが，事業費に占める職員給与費の重要性に着目しつつ，執行上の効率性にも考慮して，平均単価に各管理事業の従事人員を乗ずることで簡便的かつ合理的に相当額を算出し，管理事業別の行政活動計画書に記載することとしています。

（出典；愛知県HP；http://www.pref.aichi.jp/0000055642.html）

※ 「事業単位の統一化（管理事業の設定）」の考え方

財務諸表の活用により，組織のマネジメント力強化につなげていくためには，組織の「責任と権限」の観点からマネジメントに適した単位で財務諸表を作成する必要があるが，現行の地方自治法に基づく予算の枠組み（款項目節予算）は，マネジメントの基礎単位としての有用性に限界がある。

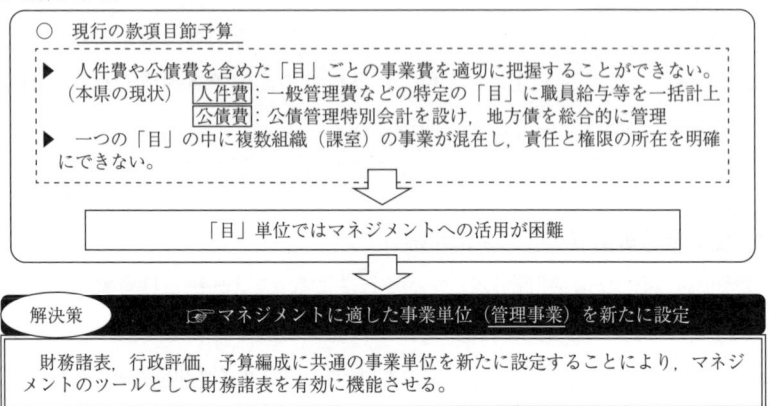

○ 現行の款項目節予算

▶ 人件費や公債費を含めた「目」ごとの事業費を適切に把握することができない。
（本県の現状）　人件費：一般管理費などの特定の「目」に職員給与等を一括計上
　　　　　　　　公債費：公債管理特別会計を設け，地方債を総合的に管理
▶ 一つの「目」の中に複数組織（課室）の事業が混在し，責任と権限の所在を明確にできない。

「目」単位ではマネジメントへの活用が困難

解決策　☞マネジメントに適した事業単位（管理事業）を新たに設定

財務諸表，行政評価，予算編成に共通の事業単位を新たに設定することにより，マネジメントのツールとして財務諸表を有効に機能させる。

「愛知県の新たな公会計制度」の概要（平成25年3月）から引用

2　杉並区（東京都）の事例（活用事例5～8に対応して）

杉並区では，先駆的に平成11年度以降，企業会計的分析による「杉並区の財務諸表」を作成し，翌年には「行政コストとサービス」という観点から，12年度決算数値に基づく目的別行政コスト計算書を公表しています。

平成26年度では，『①地域集会室等維持管理事業，②保育園運営事業，③児童館・学童クラブ運営事業，④体育施設の維持管理事業，⑤有料制自転車駐車場運営事業』の5事業に関して，事業別行政コスト計算書を作成し公開していますが，同区の特徴点は，毎年ほぼ同じ事業を継続して事業行政コスト計算書の作成対象としているところです。そして，特筆すべきは，収益性，利用率など経年変化を示したうえで，限られた予算（財源）を有効に配分するために事業・施設の統廃合（スクラップアンドビルド）に言及しているところです。

その一例を示します。

第6章　財務書類等の活用想定事例集

(1) 保育所運営事業での指定管理者制度の拡大（平成26年度版）

指定管理者制度による保育所運営に係る行政コストと，直営園の行政コストを比較し，安価な指定管理者園を拡大していく施策を住民に示している。

(2) 体育施設における利用料金（受益者負担）の適正化（平成24年度版）

体育施設（健康増進，体力向上及びスポーツ振興を目的）の維持管理事業に係る行政コスト計算書を示し，指定管理者制度，委託管理方式，直営方式と同施設が異なった運営方法が採用されていることから生ずるコスト等の構成，表示の違い（人件費，退職給付引当金繰入，利用者から徴収する施設使用料の計上など）を説明しています。その上で，上記利用料金関係の仕組みを説明し，『体育施設の公平な利用を目指すため，よりわかりやすい情報提供と…（略）…種目ごとの利用料金のあり方等を整理し，今後，使用料の見直しを検討していきます。』としています。

(3) ABC（活動基準原価計算）分析

公表されているものは平成24年度（長寿応援ポイント事業）までですが，事業別行政コスト計算書のコスト算定に当たり，共通費・間接費の配分のため，ABC（活動基準原価計算）分析へと情報内容の展開を図っています。

そして杉並区では，「これら事業別行政コスト計算書の資料は杉並区の財政白書（後に区政経営報告書）」として，『区財政の現状や課題をお知らせし区財政の健全化に向けてともに考えていただく資料』と位置付けられていることを付言しておきます。

出典；杉並区区政資料

http://www2.city.suginami.tokyo.jp/library/library.asp?genre=203010

3　横浜市（神奈川県）の事例（活用事例4～9に対応して）

横浜市では，市全体の財務書類の公表と併せて，事業等の行政コスト計算書の開示数を年々増やし，平成25年度版では37事業等の行政コスト計算書を開

示している。下記では，その一部の事例を掲載します。

【平成 25 年度横浜市の財政状況 2（平成 27 年 3 月）より】

　横浜市 HP　http://www.city.yokohama.lg.jp/zaisei/org/zaisei/zaimusyohyou/pdf/25zaisei2.pdf

　事業別・施設別行政コスト計算書

　これまで見てきた普通会計などの「行政コスト計算書」は，横浜市の行政活動にかかる費用の全体像を示していますが，事業別・施設別の費用についても同様の手法で把握することができます。そこで，市民の皆様に身近な事業や施設などについて，行政コスト分析を行います。

＜事業別・施設別行政コスト計算書の作成目的＞

①事業・施設ごとに要する人件費等を含めたコストを明らかにする。

②事業・施設にかかる市民の受益と負担との関係や，市民税等の一般財源の充当状況を明らかにする。

③サービスがどのような収入で賄われているかを把握し，サービスの費用と収益の関係を示す。

④利用者 1 人あたりのコストなど，事業・施設の単位コストを明らかにする。

⑤現金収支のほか，現金収支を伴わないコスト（退職給与引当金繰入や減価償却費）を算定することによって，現金収支だけでは見えない隠れたコストの把握が可能となる。

「横浜市の行政活動の全体的な財務書類に加えて，事業別・施設別行政コスト計算書を市民の皆様に情報提供することにより，皆様の市政に対する理解を深めていただくとともに，職員のコスト意識を向上させ，より効率的・効果的な事業の執行に努めてまいります。」

4　行政コスト計算書の作成趣旨，わかりやすい内容・表示の視点

　以上，いくつかの地方公共団体の行政コスト計算書を中心とした財務書類を考察してきましたが，参考となると思われる共通した公表すべき視点をまとめてみます。

第６章　財務書類等の活用想定事例集

・行政コストと財源（受益者負担）の視点が分析できているか。
・住民目線で理解可能な報告となっているか。
・間接費（共通費），人件費の配賦（指定管理制度も含む）が適切か。
・住民一人当たりの分析ができているか。
・施設間比較，経年比較など納得性の高い分析ができているか。
・サービスに見合うコスト，利用状況の開示がなされているか。
・政策的意図（利用促進，ニーズ把握・分析，統廃合，利用料の改訂など）を示す報告となっているか。

【活用ケース10】情報開示（地方議会での活用）

地方議会での活用

（総務省の掲載事例；岐阜県美濃加茂市）

議会に対する予算説明資料における，各事業にかかる人件費や減価償却費等を分かりやすく報告するため，事業別にフルコストを表示したアニュアルレポートを作成する。

【具体的取組】

財務書類とともに，「財務書類やセグメント分析（任意で抽出した数事業を例示として掲載）の概要」をわかりやすくまとめた『アニュアルレポート』を作成・公表し，併せて議会に提出している。

【期待される効果等】

『アニュアルレポート』により，議会での審議の活発化や，住民の関心の高まりが期待できる。

本事例に関して，公表したセグメント（地区交流センター）のコストに関する質疑が議会で行われ，結果として議会での審議内容も踏まえ，地区交流センターの運営の民間委託が検討されることとなった。

【活用ケース 11】情報開示（地方債 IR への活用）

地方債 IR 資料としての活用

（総務省の掲載事例；東京都）

　市場公募地方債の安定消化（民間等資金の円滑な調達）に向け，投資家等の市場関係者に対して，IR 資料として財務書類を活用し当該自治体の財政状況の理解を促進する。

【具体的取組】

　市場公募地方債発行団体合同 IR 説明会で，投資家等の市場関係者に馴染みがあって理解されやすい連結財務書類等を地方債 IR 説明会の資料として活用する。

【期待される効果等】

　既存の予算・決算情報，健全化判断比率等に加えて，連結財務書類等を地方債 IR 資料として活用することで，より多角的な財政状況の説明が期待できる。

1　埼玉県における IR 資料での活用事例について

　IR 活動を行う自治体は限られていますが，都道府県等のなかからその活用事例を説明します。なお，平成 26 年度時点での市場公募地方債発行団体合同 IR 説明会では，半数程度の団体が貸借対照表等の財務書類を資料として活用しているとのことでした。

第6章　財務書類等の活用想定事例集

目　次

1　埼玉県の財政状況・・・・・・・・・・・2	2　埼玉県における
○埼玉県の財政規模・・・・・・・・・・・3	起債運営の基本的な考え方・・・・・・・14
○平成26年度当初予算・・・・・・・・・・4	○起債運営の基本方針・・・・・・・・・・15
○平成26年度一般会計予算（歳入）・・・・・5	○県債依存度と発行額の推移・・・・・・・16
○県税収入の推移・・・・・・・・・・・・6	○償還財源の確保と県債残高の適正な管理・・17
○県税収入の特徴・・・・・・・・・・・・7	○市場公募債の発行額の推移と格付け・・・18
○平成26年度一般会計予算（歳出）・・・・・8	○平成26年度市場公募債発行計画・・・・・19
○普通会計決算の収支状況・・・・・・・・9	
○公営企業会計決算の状況（平成25年度）・・10	
○地方3公社等の経営状況（平成25年度）・・11	
○健全化判断比率等の状況・・・・・・・・12	
○財務諸表（バランスシート等）の作成・・・13	

2　地方債発行におけるIR活動や料金改訂など，資金調達のための資料としての開示として（想定事例）

財務報告の活用内容・時期とその課題

内容・時期	財務書類	課題
地方債IR説明会資料＊	BS，連結BS，行政コスト計算書など	わかりやすさ（概括性・詳細性），納得性，他都市・他施設比較等のデータ収集など，及び適正性
公共サービスの料金改訂などの際の説明会		
寄付金・協賛金を募る事業において使途見込と実績報告		

＊財政状況を投資家等の市場関係者に正確に理解してもらうことで，市場公募地方債の安定した消化につなげる活用が想定されます。

181

【活用ケース12】情報開示（PPP／PFI の提案募集）

> PPP／PFI の民間提案制度
>
> 　　　　　　　　　　　　　　（総務省の掲載事例；福岡県福岡市）
> 　公共サービス水準の向上，公共負担の削減及び公共資産の有効活用の観点から，民間事業者の創意工夫やノウハウを活用する。

＊今後の活用展開と効果等が期待される想定内容

　地域完結型の PPP を実現するため，市と関連地域企業からなる会議体を設置し，PPP／PFI セミナーを継続的に開催する。

　民間事業者から PPP／PFI の提案等を求めるための対象事業リスト（事業の実施自体について政策的な意思決定がなされているもの）を年度ごとに作成・公表し，加えて，固定資産台帳を整備・公表することにより，さらに積極的かつ実効性の高い民間提案等につながることが期待される。

【活用ケース13】財務書類4表の読み方

「財務書類作成にあたっての基礎知識」より抜粋した財務書類の読み方のポイントを考えます。

第6章　財務書類等の活用想定事例集

例1　貸借対照表の読み方

貸借対照表
(平成×年〇月△日現在)

(単位：百万円)

科目	金額	科目	金額
【資産の部】		【負債の部】	
固定資産	550	固定負債	550
有形固定資産	500	地方債	300
事業用資産	—	長期未払金	—
土地	—	退職手当引当金	250
立木竹	—	損失補償等引当金	—
建物	—	その他	—
建物減価償却累計額	—	流動負債	200
工作物	—	1年内償還予定地方債	—
工作物減価償却累計額	—	未払金	—
船舶	—	未払費用	—
船舶減価償却累計額	—	前受金	—
浮標等	—	前受収益	—
浮標等減価償却累計額	—	賞与等引当金	200
航空機	—	預り金	—
航空機減価償却累計額	—	その他	—
その他	—	負債合計	750
その他減価償却累計額	—	【純資産の部】	
建設仮勘定	—	固定資産等形成分	600
インフラ資産	500	余剰分（不足分）	△ 570
土地	—		
建物	—		
建物減価償却累計額	—	詳細は純資産変動計算書を参照	
工作物	500		
工作物減価償却累計額	—		
その他	—		
その他減価償却累計額	—		
建設仮勘定	—		
物品	—		
物品減価償却累計額	—		
無形固定資産	—		
ソフトウェア	—		
その他	—		
投資その他の資産	50		
投資及び出資金	—		
有価証券	—		
出資金	—		
その他	—		
投資損失引当金	—		
長期延滞債権	—		
長期貸付金	50		
基金	—		
減債基金	—		
その他	—		
その他	—		
徴収不能引当金	—		
流動資産	230		
現金預金	130		
未収金	50		
短期貸付金	—		
基金	—		
財政調整基金	50		
減債基金	—		
棚卸資産	—		
その他	—		
徴収不能引当金	—	純資産合計	30
資産合計	780	負債及び純資産合計	780

183

まずは，貸借対照表に計上されている数字そのものの大枠のイメージを掴み取ることが重要です。

資産・負債等の関係	財政状態の分析
①固定資産≦純資産	非常に強固な財政状態
②固定資産＜固定負債＋純資産	流動資産が流動負債より多い状態で安定性がある。
③固定資産≒固定負債＋純資産	流動資産と流動負債が同額では，やや不安定な印象
④固定資産≧固定負債＋純資産	流動資産よりも流動負債が多く，流動資産を現金化して流動負債の支払いに充てても足らない状態

多くの地方公共団体は財政難といわれ，そのため各々行政改革や資産負債改革による財政の健全化に取り組んでいるところです。本事例では，流動資産が230百万円で，流動負債が200百万円であるため，安定性があるといえます（企業では，流動資産が流動負債と比し同額か8割程あれば，一応の支払い能力があると言われます）。とはいえ，固定資産に計上されている金額と資産価値，つまり不良資産や含み損など価値が下がった場合の適切な資産評価が行われているかどうかなどが正しい視点・判断の上で重要となります。本事例でも，長期貸付金，未収金，退職手当引当金などの各勘定科目について，経年比較による増減をもとに，財政状態，安定性などを把握することが必要です。

例2　行政コスト計算書及び純資産変動計算書の読み方

地方公共団体の行政コスト計算書では，人件費，物件費などコストの投入状況が確認できます。経常費用から経常収益を引いた純経常コストが，地方公共団体の提供したサービスに対して直接的な収入では賄いきれなかったコストであり，税・国県等補助金などにより賄われることになります（純資産変動計算書では，純経常コストを補う収入が示されている）。最終的に，期末の純資産残高がプラスであれば，純経常コストを上回っているためよく，財政が健全的に活動されたといえます。

本事例では，純経常コストは，経常費用620百万円から，経常収益50百万円を控除した，△570百万円かかっているのに対して，財源は600百万円（税

第6章　財務書類等の活用想定事例集

行政コスト計算書
自　平成〇年□月◇日
至　平成×年〇月△日

(単位：百万円)

科目	金額
経常費用	620
業務費用	620
人件費	600
職員給与費	150
賞与等引当金繰入額	200
退職手当引当金繰入額	250
その他	―
物件費等	20
物件費	20
維持補修費	―
減価償却費	―
その他	―
その他の業務費用	―
支払利息	―
徴収不能引当金繰入額	―
その他	―
移転費用	―
補助金等	―
社会保障給付	―
他会計への繰出金	―
その他	―
経常収益	50
使用料及び手数料	50
その他	―
純経常行政コスト	△　570
臨時損失	―
災害復旧事業費	―
資産除売却損	―
投資損失引当金繰入額	―
損失補償等引当金繰入額	―
その他	―
臨時利益	―
資産売却益	―
その他	―
純行政コスト	△　570

185

収等が 500 百万円，補助金が 100 百万円）となっています。これは，コストに見合った税収を確保し，コストを補っていることがわかります。経常費用の内訳である人件費 600 百万円及び物件費 20 百万円のコスト削減が行われる必要や，50 百万円の使用料や手数料等の受益者負担の変更も視野に入れる可能性があると思われます。

　行政コスト計算書で示された財務数値をもとに，他市との比較，時系列比較，様々な指標を用いた財務分析によりそのコストの発生状況を把握することが重要です。

純資産変動計算書
自　平成〇年□月◇日
至　平成×年〇月△日

（単位：百万円）

科目	合計	固定資産等形成分	余剰分（不足分）
前年度末純資産残高	-		
純行政コスト（△）	△570		△570
財源	600		600
税収等	500		500
国県等補助金	100		100
本年度差額	30		30
固定資産等の変動（内部変動）		600	△600
有形固定資産等の増加		500	△500
有形固定資産等の減少		-	
貸付金・基金等の増加		100	△100
貸付金・基金等の減少		-	
資産評価差額		-	
無償所管換等		-	
その他	-		
本年度純資産変動額	30	600	△570
本年度末純資産残高	30	600	△570

【CF】投資活動支出のうち公共施設等整備費支出

【CF】投資活動支出のうち基金積立金支出＋貸付金支出

第 6 章　財務書類等の活用想定事例集

|例3|　資金収支計算書の読み方

　資金収支計算書を読む上では，各区分のキャッシュフローの流れを理解する必要があります。

　業務活動収支の部からは通常の行政活動による資金収支の状況が示されます。また，投資活動収支の部に投じた額で積極的投資を行っているのか，事業の縮小を行っているのか，資産を多く売却しているのかが分かり，財務活動収支の部で借入返済を行っているのかなどがわかります。

　本事例では，業務活動収支の部は，業務支出170百万円，業務収入500百万円で，330百万円の収支余剰があります。もし，業務活動収支の部そのものがマイナスの場合は通常の収入に比してあまりコストをかけすぎであるという問題があるということとなります。

　投資活動収支の部は，投資活動支出600百万円，投資活動収入100百万円であり，収支額は△500百万円とマイナスであり，新規建設が行われていることがわかります。投資活動支出がプラスの場合は，資産売却を進め財務体質の改善に取組んでいるのではないかと推察できます。

　財務活動収支の部は，財務活動収入300百万円，本年度資金収支差額は130百万円となります。公共施設等整備費支出500百万円に対し，財務活動収入の地方債発行収入300百万円で不足分を補っていることがわかります。つまり，地方債による調達で新規の投資を行っているということです。財務活動収支の部がマイナスであれば，借入金返済を行っている場合（新規借入れよりも多く）や，資金が潤沢で借入れの必要がない場合などであるということがわかります。

資金収支計算書

自　平成〇年□月◇日
至　平成×年〇月△日

(単位：百万円)

科目	金額
【業務活動収支】	
業務支出	170
業務費用支出	170
人件費支出	150
物件費等支出	20
支払利息支出	－
その他の支出	－
移転費用支出	－
補助金等支出	－
社会保障給付支出	－
他会計への繰出支出	－
その他の支出	－
業務収入	500
税収等収入	450
国県等補助金収入	－
使用料及び手数料収入	50
その他の収入	－
臨時支出	－
災害復旧事業費支出	－
その他の支出	－
臨時収入	－
業務活動収支	330
【投資活動収支】	
投資活動支出	600
公共施設等整備費支出	500
基金積立金支出	50
投資及び出資金支出	－
貸付金支出	50
その他の支出	－
投資活動収入	100
国県等補助金収入	100
基金取崩収入	－
貸付金元金回収収入	－
資産売却収入	－
その他の収入	－
投資活動収支	△ 500
【財務活動収支】	
財務活動支出	－
地方債償還支出	－
その他の支出	－
財務活動収入	300
地方債発行収入	300
その他の収入	－
財務活動収支	300
本年度資金収支額	130
前年度末資金残高	－
本年度末資金残高	130

前年度末歳計外現金残高	－
本年度歳計外現金増減額	－
本年度末歳計外現金残高	－
本年度末現金預金残高	130

第6章　財務書類等の活用想定事例集

【活用ケース14】貸借対照表分析（資産形成度・世代間公平性など）

設　問

　M市（人口33万人）の『貸借対照表』（次ページのとおり，数値は架空のもの）を基に

①資産形成度（将来世代に残る資産はどのくらいあるか，保有資産がどのくらい老朽化しているのかなど）

②世代間公平性（将来世代によって負担しなければならない割合，これまでの世代によってすでに負担された割合など）

をはじめとして当該『貸借対照表』から計算できる「指標」について，下記マニュアルを参考に算定し，結果についてコメントしてください。

（参考）

　統一的な基準による地方公会計マニュアル（平成27年1月23日）【財務書類等活用の手引き】

　http://www.soumu.go.jp/main_sosiki/kenkyu/chikousuijitu/91516.html

　本事例は財務書類等を活用した自治体経営分析ケースであり，貸借対照表等から人口33万人，比較的規模の大きい団体であることがわかります。上記「財務書類等活用の手引き」（地方公会計マニュアル）等から，『主な指標』を算定・分析（「貸借対照表及び人口・歳入総額のみ」で算定可能なもの）する設問です。

M市　貸借対照表（×年3月31日現在）

その他補足情報（人口：33万人，歳入総額226,377百万円）　　　　　　　　　　　　（単位：百万円）

科目	金額	科目	金額
【資産の部】		【負債の部】	
固定資産	717,867	固定負債	157,832
有形固定資産	703,057	地方債	137,138
事業用資産	279,801	長期未払金	12
土地	161,881	退職手当引当金	19,865
立木竹	249	損失補償等引当金	33
建物	310,762	その他	784
建物減価償却累計額	−201,995	流動負債	15,615
工作物	10,229	1年内償還予定地方債	13,132
工作物減価償却累計額	−5,319	未払金	1,156
船舶	0	未払費用	123
船舶減価償却累計額	0	前受金	23
浮標等	0	前受収益	15
浮標等減価償却累計額	0	賞与等引当金	1,004
航空機	0	預り金	159
航空機減価償却累計額	0	その他	3
その他	8,295	負債合計	173,447
その他減価償却累計額	−4,977	【純資産の部】	
建設仮勘定	676	固定資産等形成分	728,136
インフラ資産	420,809	余剰分（不足分）	−165,476
土地	293,117		
建物	128,834		
建物減価償却累計額	−32,208		
工作物	0		
工作物減価償却累計額	0		
その他	1,030		
その他減価償却累計額	−206		
建設仮勘定	30,242		
物品	3,425		
物品減価償却累計額	−978		
無形固定資産	197		
ソフトウェア	33		
その他	164		
投資その他の資産	14,613		
投資及び出資金	10,786		
有価証券	0		
出資金	7,976		
その他	2,810		
投資損失引当金	−8		
長期延滞債権	35		
長期貸付金	1,800		
基金	1,210		
減債基金	1,200		
その他	10		
その他	810		
徴収不能引当金	−20		
流動資産	18,240		
現金預金	4,248		
未収金	1,641		
短期貸付金	145		
基金	10,124		
財政調整基金	10,076		
減債基金	48		
棚卸資産	116		
その他	2,111		
徴収不能引当金	−145	純資産合計	562,660
資産合計	736,107	負債及び純資産合計	736,107

①資産形成度【将来世代に残る資産はどのくらいあるか】
　A　資産老朽化比率【注；今回は事業用建物，工作物，インフラ建物の3つのみ算出する。本設例では固定資産合計は不要】

（固定資産合計）＝減価償却累計額
　　　　　÷（有形固定資産－土地＋減価償却累計額）

　有形固定資産のうち，土地以外の償却資産について，耐用年数に対して取得時からどの程度経過しているのかを把握することができます。比率が高いほど施設等の老朽化が進んでいることを示します。この指標は，資産の新規取得金額が当該年度の減価償却費を上回れば減少し，資産の新規取得金額が当該年度の減価償却費を下回れば上昇します。

事業用建物	65.0 ％＝201,995÷310,762
工作物	52.0 ％＝5,319÷10,229
インフラ建物	25.0 ％＝32,208÷128,834

　B　住民一人当たり資産額
「資産総額」÷人口＝ 2,231 千円
＊資産の適正規模等も含めた幅広い検討ができる。将来的には同規模，近隣自治体等の比較も可能
　C　歳入額対資産比率
「資産総額」÷歳入総額＝ 3.3（年）
＊これまでに形成されたストックとしての資産が，歳入の何年分に相当するかを表し，自治体の資産形成の度合を測ること，資産の適正規模等も含めた幅広い検討ができます。将来的には同規模，近隣自治体等の比較も可能です

②世代間公平性　将来世代と現世代との負担の分担は適切か
　A　純資産比率＝「純資産額」÷「資産総額」＝ 76.4 ％
＊地方債の発行を通じた将来世代・現世代の配分
　⇒（相対的に）純資産の減少，負債（地方債）の増加

⇒現世代が将来世代にとって利用可能であった資源を費消・便益享受。
　よって将来世代に負担を先送り

B　社会資本等形成の世代間負担比率（将来世代負担比率）

地方債＊1（流動＋固定）÷公共資産等形成分＊2＝ 20.6 ％
　＊1；臨時財政対策債等を控除する考え方もあるが今回は総額を計上
　＊2；公共資産等形成分

今回は固定資産等形成分（固定資産＋短期貸付金＋基金）とした。例えば，有形固定資産とすることや減債基金等を控除する考え方もある。比率の算式は今後定着していくと思われます。

⇒社会資本等について将来の償還等が必要な負債による形成割合（公共資産等形成充当負債の割合）を算出する。

⇒社会資本等形成に係る将来世代の負担の比重を把握する。

③持続可能性（健全性）

財政に持続可能性（借入金の程度）があるかを示します。

A　住民一人当たり負債額　「負債総額」÷人口＝ 526 千円
　＊負債の適正規模等も含めた幅広い検討ができます。また，将来的には同規模，近隣自治体等の比較も可能です。

臨時財政対策債の計上・取扱いの考え方については，統一的な基準による地方公会計マニュアルにおける「Q&A集」では，「臨時財政対策債の元利償還金相当額については，地方交付税法上，その全額が地方交付税の基準財政需要額に算入されることとなっていますが，貸借対照表上の負債（地方債）から臨時財政対策債を控除することはできない」ことと示されています（Q&A2-23）。なお，一般的な地方債と臨時財政対策債の性質の違いを，貸借対照表の理解や上記財政分析等の際に考慮する必要があることから，臨時財政対策債の現在高を注記することなどが肝要です。

第6章　財務書類等の活用想定事例集

【活用ケース15】公営住宅事業の財務書類と分析

　地方公共団体の事務事業は広範囲に及び，管理する施設も多数存在します。一方，住民は身近な個々の事業や施設に最も関心を持ち，各事業・施設の管理者は管理のために情報を必要とします。

　発生主義の財務書類は，本基準の原則である日々の取引を仕訳処理する方法をとる限り，地方公共団体全体のものと同時に，事業別または施設別のもの（セグメント情報）も作成可能です。

　ここでは，ケーススタディとして，事業別または施設別の財務書類が作成・開示されていることを前提に，住民や行政内部の管理者のニーズに応えるために，個別事業・施設のコストや資産額などの財務情報を分析するケース2つを取り上げます。

　ケース15は事業用資産を所有し受益者負担のあるケースです。

≪設問1≫　A市の人口は106千人，市営住宅戸数130戸である。【資料1】は，A市の公営住宅事業にかかるX1年度およびX2年度の行政コスト計算書である。
　(1)【資料1】から下記の比率（％）を読みとりなさい。
　①経常費用に占める人件費率
　②経常費用に占める物件費等比率
　③経常収益対経常費用比率【受益者負担の割合】
　④純行政コスト対経常費用比率
　(2) 市営住宅戸数1戸あたりコスト等（千円）を算出しなさい。
　①1戸あたり経常費用（千円）
　②1戸あたり使用料及び手数料（千円）
　③1戸あたり純行政コスト（千円）

193

<参考>財務指標について

> 財務指標には，(1) のような財務書類の科目間の比率と，(2) のような財務以外の情報を組み合わせた指標があります。これらの指標を適切に用いると，地方公共団体（またはその一部である事業や施設）の特徴や傾向・効率等をつかみ，さらに他団体や時系列での比較等の分析を行うことができます。

第6章 財務書類等の活用想定事例集

【資料1】

行政コスト計算書
セグメント：市営住宅事業 （金額単位：千円）

科目	X1年度	百分比	X2年度	百分比
経常費用	95,142	100.0	101,245	100.0
業務費用	95,082	99.9	101,188	99.9
人件費	6,870	7.2	4,760	4.7
職員給与費	6,350	6.7	4,400	4.3
賞与等引当金繰入額	260	0.3	180	0.2
退職手当引当金繰入	260	0.3	180	0.2
その他	―	―	―	―
物件費等	79,490	83.5	88,640	87.6
物件費	11,950	12.6	12,500	12.3
維持補修費	27,400	28.8	36,000	35.6
減価償却費	40,140	42.2	40,140	39.6
その他	―	―	―	―
その他の業務費用	8,722	9.2	7,788	7.7
支払利息	8,700	9.1	7,770	7.7
徴収不能引当金繰入	22	0.0	18	0.0
その他	―	―	―	―
移転費用	60	0.1	57	0.1
補助金等	60	0.1	57	0.1
社会保障給付	―	―	―	―
他会計への繰出金	―	―	―	―
その他	―	―	―	―
経常収益	47,980	50.4	47,780	47.2
使用料及び手数料	47,780	50.2	47,600	47.0
その他	200	0.2	180	0.2
純経常行政コスト	47,162	49.6	53,465	52.8
臨時損失	400	0.4	20	0.0
資産除売却損	―	―	―	―
その他	400	0.4	20	0.0
臨時利益	182	0.2	185	0.2
資産売却益	―	―	―	―
その他	182	0.2	185	0.2
純行政コスト	47,380	49.8	53,300	52.6

195

≪設問1≫　解答

(1) 答

	X1年度	（計算式）	X2年度	（計算式）
①	7.2 %	＝6,870/95,142	4.7 %	＝4,760/101,245
②	83.5 %	＝79,490/95,142	87.6 %	＝88,640/101,245
③	50.4 %	＝47,980/95,142	47.2 %	＝47,780/101,245
④	49.8 %	＝47,380/95,142	52.6 %	＝53,300/101,245

(2) 答

①	732 千円	＝95,142/130	779 千円	＝101,245/130
②	368 千円	＝47,780/130	366 千円	＝47,600/130
③	364 千円	＝47,380/130	410 千円	＝53,300/130

≪設問 2≫ 【資料 2】は，A 市の公営住宅事業にかかる X1 年度末および X2 年度末の貸借対照表である。

【資料 2】

貸借対照表
セグメント：市営住宅事業　　　　　　　　　　　　　　　　　　（金額単位：千円）

科目	X1 年度末	百分比	X2 年度末	百分比
［資産の部］				
固定資産	2,474,100	99.8	2,433,960	99.9
有形固定資産	2,474,100	99.8	2,433,960	99.9
事業用資産	2,474,100	99.8	2,433,960	99.9
土地	1,175,000	47.4	1,175,000	48.2
建物	1,877,000	75.7	1,877,000	77.0
△建物減価償却累計額	△ 582,800	△ 23.5	△ 622,800	△ 25.6
工作物	11,000	0.4	11,000	0.5
△工作物減価償却累計額	△ 6,100	△ 0.2	△ 6,240	△ 0.3
その他	―	―	―	―
△その他減価償却累計額	―	―	―	―
建設仮勘定	―	―	―	―
インフラ資産	0	―	0	―
物品	0	―	0	―
△物品減価償却累計額	―	―	―	―
無形固定資産	0		0	
投資その他の資産	0		0	
流動資産	4,420	0.2	3,600	0.1
（うち未収金）	4,442	0.2	3,618	0.1
（うち△徴収不能引当金）	△ 22	△ 0.0	△ 18	△ 0.0
資産合計	2,478,520	100.0	2,437,560	100.0
［負債の部］				
固定負債	342,830	13.8	300,270	12.3
地方債	337,750	13.6	296,750	12.2
長期未払金	―	―	―	―
退職手当引当金	5,080	0.2	3,520	0.1
その他	―	―	―	―
流動負債	41,260	1.7	41,180	1.7
1 年内償還予定地方債	41,000	1.7	41,000	1.7
未払金	―	―	―	―
賞与等引当金	260	0.0	180	0.0
その他	―	―	―	―
負債合計	384,090	15.5	341,450	14.0
［純資産の部］				
純資産合計	2,094,430	84.5	2,096,110	86.0
負債及び純資産合計	2,478,520	100.0	2,437,560	100.0

(1)【資料2】から下記の比率を計算（読みとり）なさい。
　①資産合計に占める事業用資産比率
　②負債純資産合計に占める純資産比率
　③建物減価償却累計額÷建物【建物老朽化比率】
　④徴収不能引当金÷未収金

<参考>貸借対照表から求める比率

建物減価償却累計額÷建物【建物老朽化比率】	建物（取得価額）に対する減価償却の進捗度を示し，建物の老朽化の目安となる。
徴収不能引当金÷未収金	未収金に対する徴収不能引当金の引当率

(2) 市営住宅（戸数130戸）1戸あたり有形固定資産額（千円）を2年分算出しなさい。

<参考>単位あたり資産額等

単位あたり事業用資産	施設数，利用者数等の単位あたり事業用資産の額
単位あたり地方債	同じく単位あたりでみた地方債の残高。1年内償還予定分も含める点に注意。

≪設問2≫　解答

(1) 答　　X1年度末　　　　　　　　　　　X2年度末
　①　　99.8 %　　＝2,474,100/2,478,520　　99.9 %　　＝2,433,960/2,437,560
　②　　84.5 %　　＝2,094,430/2,478,520　　86.0 %　　＝2,096,110/2,437,560
　③　　31.0 %　　＝582,800/1,877,000　　　33.2 %　　＝622,800/1,877,000
　④　　0.5 %　　 ＝22/4,442　　　　　　　 0.5 %　　 ＝18/3,618
(2) 答　19,032 千円　＝2,474,100/130　　　18,723 千円　＝2,433,960/130

第6章 財務書類等の活用想定事例集

≪設問3≫ 【資料3】はA市の公営住宅事業にかかるX1年度およびX2年度の純資産変動計算書である。

【資料3】

純資産変動計算書
セグメント：市営住宅事業
年度：X1年度

（金額単位：千円）

科目	合計	固定資産等形成分	余剰分（不足分）
前年度末純資産残高	2,094,590	2,514,240	△ 419,650
純行政コスト（△）	△ 47,380		△ 47,380
財源	47,220		47,220
税収等	43,220		43,220
国県等補助金	4,000		4,000
本年度差額	△ 160		△ 160
固定資産等の変動		△ 40,140	40,140
有形固定資産等の増加		0	0
△有形固定資産等の減少		△ 40,140	40,140
貸付金・基金等の増加			
△貸付金・基金等の減少			
資産評価差額			
無償所管換等			
その他			
本年度純資産変動額	△ 160	△ 40,140	39,980
本年度末純資産残高	2,094,430	2,474,100	△ 379,670

199

年度：X2年度 　　　　　　　　　　　　　　　　　　　　（金額単位：千円）

科目	合計	固定資産等形成分	余剰分（不足分）
前年度末純資産残高	2,094,430	2,474,100	△ 379,670
純行政コスト（△）	△ 53,300		△ 53,300
財源	54,980		54,980
税収等	53,880		53,880
国県等補助金	1,100		1,100
本年度差額	△ 1,680		1,680
固定資産等の変動		△ 40,140	40,140
有形固定資産等の増加		0	0
△有形固定資産等の減少		△ 40,140	40,140
貸付金・基金等の増加			
△貸付金・基金等の減少			
資産評価差額			
無償所管換等			
その他			
本年度純資産変動額	1,680	△ 40,140	41,820
本年度末純資産残高	2,096,110	2,433,960	△ 337,850

(1) 【資料3】から下記の比率を計算しなさい。

①財源に対する純行政コストの比率

②財源のうち税収等に対する純行政コストの比率

＜参考＞

財源に対する純行政コストの比率	財源（税収等と国県等補助金）に対して，その使途である純行政コストの割合

第6章 財務書類等の活用想定事例集

≪設問3≫ 解答

(1) 答

	X1年度		X2年度	
①	100.3 %	= 47,380/47,220	96.9 %	= 53,300/54,980
②	109.6 %	= 47,380/43,220	98.9 %	= 53,300/53,880

≪ケース15の解説≫

1. A市の市営住宅事業では，経常費用に占める物件費等の比率が80％強と高いコスト構造となっている。これは，建物の減耗，維持補修にかかる費用（減価償却費，維持補修費等）が嵩むためである。

　一方，経常費用に対する使用料等の経常収益の比率，いわゆる受益者負担の割合は50％程度であり，コストの約半分を賄っている。

　この結果，純行政コストは住戸1戸あたりに換算すると年間約40万円発生している。

2. 平均の建物老朽化度は30％強の水準であり，比較的新しい。使用料等の徴収はしっかり行われており，未収金に対する徴収不能引当金の引当率は0.5％と低い。

　土地代を含めた1戸あたりの資産額は19百万円前後である。

3. 経常費用の約50％を占める純行政コストは，税収等の財源で概ね賄われる状態にあり，当事業に関する資産・負債差額である純資産残高の水準は維持されている。

　この2年間の固定資産等の変動では，新たに取得した資産はなく，既存施設の減価償却による評価減のみである。

【活用ケース 16】道路部門の財務書類と分析

ケース 16 はインフラ資産にかかる事業部門であり，原則として受益者負担のないケースです。

≪設問 1≫　A市の人口は 106 千人，対象となる道路部門では道路等の開発行為，用地取得，道路整備，維持補修，交通安全施設整備等の業務を行っている。【資料1】は，A市の道路部門にかかる X1 年度および X2 年度の行政コスト計算書である。

(1)【資料1】から下記の比率（％）を読みとりなさい。
　①経常費用に占める人件費率
　②経常費用に占める物件費等比率
　③経常収益対経常費用比率【受益者負担の割合】
　④純行政コスト対経常費用比率

<参考>行政コスト計算書から求める比率

経常収益対 経常費用比率 【受益者負担の割合】	経常的な費用に対する経常的な収益の比率。行政コスト計算書に計上される経常的な収益は主に受益者の負担額であるので，費用に占める受益者負担の割合を示す。
純行政コスト対 経常費用比率	経常的な費用に対する純行政コストの比率。行政コスト計算書の収支尻である純行政コストの相対的な大きさを示す。

(2) 市民（人口 106 千人）1人あたり道路の純行政コスト（円）を2年分算出しなさい。

<参考>単位あたりコスト等

単位あたり経常費用	人口，施設数等の単位あたりでみたコストの額
単位あたり純行政コスト	単位あたりでみた純行政コストの額

第6章 財務書類等の活用想定事例集

【資料1】

行政コスト計算書
セグメント:道路部門
(金額単位:百万円)

科目	X1年度	百分比	X2年度	百分比
経常費用	1,537	100.0	1,465	100.0
業務費用	1,419	92.3	1,405	95.9
人件費	311	20.2	299	20.4
職員給与費	263	17.1	265	18.1
賞与等引当金繰入額	10	0.7	10	0.7
退職手当引当金繰入額	38	2.5	24	1.6
その他	—	—	—	—
物件費等	1,095	71.2	1,094	74.7
物件費	243	15.8	229	15.6
維持補修費	50	3.3	58	4.0
減価償却費	802	52.2	807	55.1
その他	—	—	—	—
その他の業務費用	13	0.8	12	0.8
支払利息	13	0.8	12	0.8
徴収不能引当金繰入額	—	—	—	—
その他	—	—	—	—
移転費用	118	7.7	60	4.1
補助金等	118	7.7	60	4.1
社会保障給付	—	—	—	—
他会計への繰出金	—	—	—	—
その他	—	—	—	—
経常収益	142	9.2	116	7.9
使用料及び手数料	71	4.6	71	4.8
その他	71	4.6	45	3.1
純経常行政コスト	1,395	90.8	1,349	92.1
臨時損失	51	3.3	13	0.9
資産除売却損	26	1.7	1	0.1
その他	25	1.6	12	0.8
臨時利益	5	0.3	3	0.2
資産売却益	5	0.3	3	0.2
その他	—	—	—	—
純行政コスト	1,441	93.8	1,359	92.8

203

≪設問1≫　解答

(1) 答

	X1年度	（計算式）	X2年度	（計算式）
①	20.2 %	=311/1,537	20.4 %	=299/1,465
②	71.2 %	=1,095/1,537	74.7 %	=1,094/1,465
③	9.2 %	=142/1,537	7.9 %	=116/1,465
④	93.8 %	=1,441/1,537	92.8 %	=1,359/1,465

(2) 答　13,594 円　=1,441/106×1,000　12,821 円　=1,359/106×1,000

≪設問2≫　【資料2】は，A市の道路部門にかかるX1年度末およびX2年度末の貸借対照表である。

第6章　財務書類等の活用想定事例集

【資料2】

貸借対照表
セグメント：道路部門　　　　　　　　　　　　　　　　（金額単位：百万円）

科目	X1年度末	百分比	X2年度末	百分比
[資産の部]				
固定資産	249,430	100.0	249,330	100.0
有形固定資産	249,430	100.0	249,330	100.0
事業用資産	6,370	2.6	6,440	2.6
土地	6,150	2.5	6,205	2.5
建物	317	0.1	335	0.1
△建物減価償却累計額	△ 147	△ 0.1	△ 157	△ 0.1
工作物	55	0.0	55	0.0
△工作物減価償却累計額	△ 21	△ 0.0	△ 22	△ 0.0
その他	―	―	―	―
△その他減価償却累計額	―	―	―	―
建設仮勘定	16	0.0	24	0.0
インフラ資産	243,060	97.4	242,890	97.4
土地	214,815	86.1	215,130	86.3
工作物	40,950	16.4	41,180	16.5
△工作物減価償却累計額	△ 12,955	△ 5.2	△ 13,750	△ 5.5
その他	―	―	―	―
△その他減価償却累計額	―	―	―	―
建設仮勘定	250	0.1	330	0.1
物品	0	―	0	―
△物品減価償却累計額	―	―	―	―
無形固定資産	0	―	0	―
投資その他の資産	0	―	0	―
流動資産	20	0.0	10	0.0
（うち未収金）	20	0.0	10	0.0
（うち△徴収不能引当金）	―	―	―	―
資産合計	249,450	100.0	249,340	100.0
[負債の部]				
固定負債	1,100	0.4	1,000	0.4
地方債	860	0.3	770	0.3
長期未払金	―	―	―	―
退職手当引当金	240	0.1	230	0.1
その他	―	―	―	―
流動負債	140	0.1	140	0.1
1年内償還予定地方債	130	0.1	130	0.1
未払金	―	―	―	―
賞与等引当金	10	0.0	10	0.0
その他	―	―	―	―
負債合計	1,240	0.5	1,140	0.5
[純資産の部]				
純資産合計	248,210	99.5	248,2000	99.5
負債及び純資産合計	249,450	100.0	249,340	100.0

205

(1)【資料2】から下記の比率を計算（読みとり）なさい。
① 資産合計に占めるインフラ資産比率
② 負債純資産合計に占める純資産比率
③ インフラ資産中の工作物減価償却累計額÷インフラ資産中の工作物（【インフラ資産中の工作物老朽化比率】を表す）

＜参考＞貸借対照表から求める比率

| 工作物減価償却累計額÷工作物【工作物老朽化比率】 | 工作物（取得価額）に対する減価償却の進捗度を示し，工作物の老朽化の目安となる。 |

(2) 市民（人口106千人）1人あたり道路インフラ資産（千円）を2年分算出しなさい。

＜参考＞単位あたり資産額等

| 単位あたりインフラ資産 | 人口，面積等の単位あたりでみたインフラ資産の額 |
| 単位あたり地方債 | 単位あたりでみた地方債の残高 |

≪設問2≫ 解答

(1) 答　　　X1年度末　　　　　　　　　　X2年度末
　① 　　97.4 %　　＝243,060/249,450　　97.4 %　　＝242,890/249,340
　② 　　99.5 %　　＝248,210/249,450　　99.5 %　　＝248,200/249,340
　③ 　　31.6 %　　＝12,955/40,950　　　33.4 %　　＝13,750/41,180
(2) 答　2,293 千円　＝243,060/106　　　2,291 千円　＝242,890/106

第6章 財務書類等の活用想定事例集

≪設問3≫ 【資料3】はA市の道路部門にかかるX1年度およびX2年度の純資産変動計算書である。

【資料3】

純資産変動計算書
セグメント：道路部門
年度：X1年度

(金額単位：百万円)

科目	合計	固定資産等形成分	余剰分（不足分）
前年度末純資産残高	248,300	249,585	△ 1,285
純行政コスト（△）	△ 1,441		△ 1,441
財源	1,145		1,145
税収等	891		891
国県等補助金	254		254
本年度差額	△ 296		△ 296
固定資産等の変動		△ 361	361
有形固定資産等の増加		517	△ 517
△有形固定資産等の減少		△ 878	878
貸付金・基金等の増加			
△貸付金・基金等の減少			
資産評価差額			
無償所管換等	206	206	
その他			
本年度純資産変動額	△ 90	△ 155	65
本年度末純資産残高	248,210	249,430	△ 1,220

207

年度：X2年度 　　　　　　　　　　　　　　　　　　　　（金額単位：百万円）

科目	合計	固定資産等形成分	余剰分（不足分）
前年度末純資産残高	248,210	249,430	△ 1,220
純行政コスト（△）	△ 1,359		△ 1,359
財源	1,060		1,060
税収等	880		880
国県等補助金	180		180
本年度差額	△ 299		△ 299
固定資産等の変動		△ 389	389
有形固定資産等の増加		433	△ 433
△有形固定資産等の減少		△ 822	822
貸付金・基金等の増加			
△貸付金・基金等の減少			
資産評価差額			
無償所管換等			
その他	289	289	
本年度純資産変動額	△ 10	△ 100	90
本年度末純資産残高	248,200	249,330	△ 1,130

(1)【資料3】から下記の比率を計算しなさい。

①財源に対する純行政コストの比率

②財源のうち税収等に対する純行政コストの比率

≪設問3≫　解答

(1) 答

	X1年度		X2年度	
①	125.9 %	= 1,441/1,145	128.2 %	= 1,359/1,060
②	161.7 %	= 1,441/891	154.4 %	= 1,359/880

≪ケース16の解説≫

1．A市の道路部門では，経常費用に占める物件費等の比率が70％強，人件費の比率が20％程度のコスト構造となっている。物件費等では，道路路面等の工作物の減耗にかかる費用（減価償却費）の比率が大きい。

208

道路のようなインフラ資産には原則として受益者負担はないが，例外的に道路占用料（使用料に含む），道路許認可事務受託収入（その他経常収益に含む）等の収益があり，それらの経常費用に対する比率が10％弱ある。

　この結果，純行政コストの経常費用に占める比率は90％強と高く，市民一人あたりに換算した道路の純行政コストは年間1万3千円程度発生している計算となる。

2. 資産の97％がインフラ資産に該当し，道路土地と路面等の工作物から成っている。平均の工作物老朽化度は30％強の水準であり比較的新しいが，徐々に老朽化が進んでいる。

　市民一人あたりの道路インフラ資産額は約230万円である。

3. 純行政コストの財源として税収等と国県等補助金が充当されるが不足である（不足分は減価償却費の内部留保で賄われている）。ただし，当部門に属する資産・負債差額である純資産残高は，財源以外の無償所管換等による増加（個人等からの道路用地の寄付）が寄与し，微減であるが概ね維持されている。

　固定資産等の変動では，道路用地や工作物の新たな取得で年間4～5億円の増加となるが，既存工作物等の減価償却や資産の除売却などでそれを上回る年間8億円強の減少がある。

【活用ケース17】砥部町の普通会計，町全体，連結財務書類の比較分析

連結対象範囲：
　普通会計・・・一般会計，とべの館特別会計，とべの温泉特別会計，梅野奨学資金特別会計，浄化槽特別会計を合算した範囲
　町全体・・・・普通会計に国民健康保険，介護保険などの公営事業会計と水道事業や公共下水道事業などの公営企業会計を含めた範囲

(1) 貸借対照表の分析結果

連結ベースでは将来世代の負担が高くなる。

資産合計は，普通会計の41,512百万円，公営企業会計が11,447百万円，特別会計417百万円で，特別会計の資産が非常に少ない。負債合計は，普通会計の7,986百万円，公営企業会計が4,772百万円，特別会計171百万円で，公営企業会計と特別会計では，資産の半分近くを負債によって取得している。

貸借対照表比較表（抜粋）：平成25年度　　　　　　　　　　（単位：百万円）

	普通会計	公営企業会計	特別会計	相殺消去	計
資産合計	41,512	11,447	417	△ 76	53,299
負債合計	7,986	4,772	171		12,930
純資産合計	33,525	6,674	246	△ 76	40,369

(2) 行政コスト計算書

特別会計の社会保障給付費が経常行政コストの大きな部分を占めている。

経常行政コストのうち，特別会計の移転的支出には社会保障給付費3,449百万円が含まれ，これは町全体の経常行政コストから見ても非常に大きな部分を占めている。

行政コスト計算書比較表（抜粋）：平成25年度　　　　　　　（単位：百万円）

	普通会計	公営企業会計	特別会計	相殺消去	計
経常行政コスト	6,544	417	4,801	△ 783	10,979
経常収益	433	1,004	3,281	△ 783	3,935
純経常行政コスト	6,110	△ 587	1,520	0	7,044

(3) 純資産変動計算書

特別会計では，純経常行政コストを国や県からの補助金に頼っている。

公営企業会計は，今後，公共下水道の敷設工事が進むにつれて，資産が増加

していくことになる。

純資産変動計算書（抜粋）：平成25年度　　　　　　　　　　　（単位：百万円）

	普通会計	公営企業会計	特別会計	相殺消去	計
期首純資産残高	33,329	6,241	280	△ 24	39,826
経常行政コスト	△ 6,110	587	△ 1,520		△ 7,044
一般財源	5,368				5,368
補助金受入	889	652	1,486		3,027
臨時損益	△ 4	△ 10			△ 14
その他	55	△ 796	1	△ 52	△ 793
今年度増減	196	433	△ 34	△ 52	543
期末純資産残高	33,525	6,674	246	△ 76	40,369

(4) キャッシュフロー計算書

経常的収支の部

	普通会計	公営企業会計	特別会計	相殺消去	計
支出計	5,434	239	4,753	△ 667	9,760
収入計	6,665	286	4,934	△ 667	11,219
経常収支額	1,231	47	180	0	1,459

公共資産整備収支の部

	普通会計	公営企業会計	特別会計	相殺消去	計
支出計	671	720	4	△ 53	1,342
収入計	240	656	1	△ 53	844
公共資産整備収支額	△ 431	△ 64	△ 3	0	△ 499

投資・財務的収支の部

	普通会計	公営企業会計	特別会計	相殺消去	計
支出計	1,000	125	17	△ 139	1,003
収入計	343	139		△ 139	343
投資・財務的収支額	△ 657	△ 14	△ 17	0	△ 660

連結ベースでは財政調整基金のやりとりがすべて資金中の増減で示される。

【活用ケース18】宇城市の普通会計，市全体，連結財務書類の比較分析

連結対象範囲：
　普通会計・・・・一般会計と奨学金特別会計を合算した範囲
　宇城市全体・・・国民健康保険などの公営事業会計と水道事業や下水道事業などの公営企業会計を含めた範囲
　連結・・・・・・自治体と連携協力して行政サービスを実施している第3セクターや一部事務組合などの関係団体や法人を含む範囲

(1) 貸借対照表の分析結果

連結ベースでは将来世代の負担が高くなる。

　資産合計では，宇城市全体が普通会計の1.38倍，連結が1.44倍となっているのに対し，負債合計は，宇城市全体で1.47倍，連結で1.51倍となっている。

貸借対照表比較表（抜粋）　　　　　　　　　　　　（単位：百万円，倍）

	普通会計（A）	宇城市全体（B）	連結（C）	(B)/(A)	(C)/(A)
資産合計	106,531	146,770	153,185	1.38	1.44
負債合計	37,989	55,943	57,295	1.47	1.51
純資産合計	68,542	90,827	95,890	1.33	1.40

　この結果，普通会計だけで見るより宇城市全体や連結で見た場合，将来世代

の負担が高いということがわかる。水道事業や下水道事業などの公営企業では，行政サービスを提供するための水道管などの設備の先行投資が必要なため，どうしても負債の割合が高くなってしまうことなどがその主な要因として挙げられる。

(2) 行政コスト計算書

宇城市全体や連結では，コストや収益に様々な違いがある。

行政コスト計算書を普通会計，宇城市全体，連結で比較してみると，最も大きな違いは経常行政コストに対する受益者からの負担割合を表す「受益者負担率」にある。この受益者負担率をみると，普通会計の2.9％に対して，宇城市全体が28.3％，連結が32.6％と大きく異なる。これは，国民健康保険などの公営事業会計や水道事業などの公営企業会計が，原則的に受益者負担で賄われるべき事業であるためである。

行政コスト計算書比較表（抜粋）　　　　　　　　　　（単位：百万円）

	普通会計	宇城市全体	連結
経常行政コスト（A）	23,327	38,041	46,566
経常収益（B）	672	10,770	15,172
受益者負担率(B)/(A)	2.9％	28.3％	32.6％

(3) 純資産変動計算書

宇城市全体ベースと連結ベースの財源では，補助金等受入が大幅に増え，変動額の前年度比較は，普通会計と同様に増加している。

宇城市全体での純資産の当期変動額19億円の増加は，補助金等受入15億3千万円増加がその主な要因である。連結でもその影響で，15億5千万円増加となっている。

純資産変動計算書比較表抜粋 （単位：百万円）

	普通会計	宇城市全体 25年度	宇城市全体 24年度	連結 25年度	連結 24年度
期首純資産残高 A	65,850	87,454	86,000	92,554	90,873
当期変動額 B	2,692	3,373	1,473	3,336	1,791
期末純資産残高 A＋B	68,542	90,827	87,473	95,890	92,664

(4) 資金収支計算書

連結した資金収支計算書をみることで全体的な流れが分かる。

経常的収支（A）の支出合計では，普通会計と連結で2倍以上の差があるが，その差額のほとんどは社会保障給付で，国民健康保険特別会計や介護保険特別会計，後期高齢者医療広域連合によるものである。

収入合計では，普通会計と連結で2倍近くの差がある。これは，普通会計にはなかった保険料や事業収入の倍増や，分担金・負担金・寄附金の影響によるものと，多額の国県補助金等の収入があったことによるものである。

普通会計の資金収支とは異なり，宇城市全体や連結には受益者負担で賄われるべき会計や団体が多く含まれている。

資金収支計算書抜粋 （単位：百万円）

	普通会計	宇城市全体 25年度	宇城市全体 24年度	連結 25年度	連結 24年度
経常的収支（A）	6,656	6,885	6,283	7,259	6,844
経常的収入合計	24,773	39,826	38,233	48,348	47,027
経常的支出合計	18,117	32,941	31,950	41,089	40,183

第6章　財務書類等の活用想定事例集

【活用ケース19】統一的な基準による仕訳・財務書類作成事例

　X1年4月1日〜X2年3月31日の取引（要約）をもとに①仕訳を行い，②解答例のとおりBS, PL, NW, CFに記入せよ。なお，期首残高は考慮しないものとする。

番号	項　　目	金額（百万円）
①	公会堂等使用料を収入した	50
②-1	沿道拡幅工事（契約済）で完了検査した	250
②-2	上記工事に係る国からの補助金を収入	112
②-3	上記工事に係る地方債を発行	100
②-4	上記工事代金を契約業者に支払った	250
③-1	地方債の元金償還金を支払った	40
③-2	そのため減債基金を取り崩した	7
③-3	地方債の利息を支払った	4
④-1	土地（取得価額90）を115で売却し，現金預金で受け取った	
④-2		
⑤-1	税額確定し住民税の調定通知を行った	600
⑤-2	住民税の受入済通知書が到達した	460
⑤-3	①の徴収不能見込額を引当計上した	5
⑥-1	契約済の消耗品の納品検査を実施	11
⑥-2	上記消耗品の代金を支払った	11
⑦	賞与等引当金の引当て	30
⑧	職員に対し，給与・期末手当を支払った	70
⑨	職員給与費（支払済）を賞与等引当金で充当	20
⑩	経営悪化の外郭団体へ長期貸付を行う	18
⑪	決算剰余金から財政調整基金に積立てた	33
⑫	期末自己都合等分の退職手当引当金計上	22

　注）取引の種類ごとに要約しているので，実際の時系列とは一致していない。また，財務書類作成要領等では，同一年度内に処理される未払金・未収金は省略しているが，理解を深めるため一部記載した。

215

【解説】①仕訳

番号	借方 勘定科目	金額	貸方 勘定科目	金額
①	[CF] 使用料及び手数料収入	50	[PL] 使用料及び手数料	50
②-1	[BS] 工作物（インフラ資産）	250	[BS] 未払金	250
②-2	[CF] 国県等補助金収入	112	[NW] 国県等補助金	112
②-3	[CF] 地方債発行収入	100	[BS] 地方債	100
②-4	[BS] 未払金	250	[CF] 公共施設等整備費支出	250
③-1	[BS] 地方債	40	[CF] 地方債償還支出	40
③-2	[CF] 基金取崩収入	7	[BS] 減債基金	7
③-3	[PL] 支払利息	4	[CF] 支払利息支出	4
④-1	[CF] 資産売却収入	115	[BS] 土地	115
④-2	[BS] 土地	25	[PL] 資産売却益	25
⑤-1	[BS] 未収金	600	[NW] 税収等	600
⑤-2	[CF] 税収等収入	460	[BS] 未収金	460
⑤-3	[PL] 徴収不能引当金繰入額	5	[BS] 徴収不能引当金	5
⑥-1	[PL] 物件費	11	[BS] 未払金	11
⑥-2	[BS] 未払金	11	[CF] 物件費等支出	11
⑦	[PL] 賞与等引当金繰入額	30	[BS] 賞与等引当金	30
⑧	[PL] 職員給与費	70	[CF] 人件費支出	70
⑨	[BS] 賞与等引当金	20	[PL] 職員給与費	20
⑩	[BS] 長期貸付金	18	[CF] 貸付金支出	18
⑪	[BS] 財政調整基金	33	[CF] 基金積立金支出	33
⑫	[PL] 退職手当引当金繰入額	22	[BS] 退職手当引当金	22

第6章 財務書類等の活用想定事例集

②記入　　　　　　　貸借対照表（×2年3月31日現在）　　　　　【様式第1号】
（単位：百万円）

科目	金額	科目	金額
【資産の部】		【負債の部】	
固定資産		固定負債	
有形固定資産		地方債	③-1　100 △ 40
事業用資産		長期未払金	
土地		退職手当引当金	⑫　22
立木竹		損失補償等引当金	
建物		その他	
建物減価償却累計額		流動負債	
工作物	②-1　250	1年内償還予定地方債	
工作物減価償却累計額		未払金	②-1, 4, ⑥-1, 2
船舶		未払費用	250, △ 250, 11, △ 11
船舶減価償却累計額		前受金	
浮標等		前受収益	
浮標等減価償却累計額		賞与等引当金	⑦, ⑨　30, △ 20
航空機		預り金	
航空機減価償却累計額		その他	
その他		負債合計	
その他減価償却累計額		【純資産の部】	
建設仮勘定		固定資産等形成分	
インフラ資産		余剰分（不足分）	
土地	④-1, ④-2		
建物	△ 115, 25		
建物減価償却累計額			
工作物			
工作物減価償却累計額			
その他			
その他減価償却累計額			
建設仮勘定			
物品			
物品減価償却累計額			
有形固定資産			
ソフトウェア			
その他			
投資その他の資産			
投資及び出資金			
有価証券			
出資金			
その他			
投資損失引当金			
長期延滞債権			
長期貸付金	⑩　18		
基金			
減債基金	③-2　△ 7		
その他			
その他			
徴収不能引当金			
流動資産			
現金預金			
未収金	⑤-1, 2　600 △ 460		
短期貸付金			
基金			
財政調整基金	⑪　33		
減債基金			
棚卸資産			
その他			
徴収不能引当金	⑤-3　5	純資産合計	
資産合計		負債及び純資産合計	

217

【様式第２号】

行政コスト計算書
自　X1年4月 1日
至　X2年3月31日

(単位：百万円)

科目	金額
経常費用	
業務費用	
人件費	
職員給与費	⑧, ⑨　70, △20
賞与等引当金繰入額	⑦　30
退職手当引当金繰入額	⑫　22
その他	
物件費等	
物件費	⑥-1　11
維持補修費	
減価償却費	
その他	
その他の業務費用	
支払利息	③-3　4
徴収不能引当金繰入額	⑤-3　5
その他	
移転費用	
補助金等	
社会保障給付	
他会計への繰出金	
その他	
経常収益	
使用料及び手数料	例）①50
その他	
純経常行政コスト	
臨時損失	
災害復旧事業費	
資産除売却損	
投資損失引当金繰入額	
損失補償等引当金繰入額	
その他	
臨時利益	
資産売却益	④-2　25
その他	
純行政コスト	

第6章　財務書類等の活用想定事例集

【様式第3号】

純資産変動計算書
自　X1年4月 1日
至　X2年3月31日

(単位：百万円)

科目	合計	固定資産等形成分	余剰分(不足分)
前年度末純資産残高			
純行政コスト（△）			
財源			
税収等			⑤-1　600
国県等補助金			②-2　112
本年度差額			
固定資産等の変動（内部変動）			
有形固定資産等の増加			
有形固定資産等の減少			
貸付金・基金等の増加			
貸付金・基金等の減少			
資産評価差額			
無償所管換等			
その他			
本年度純資産変動額			
本年度末純資産残高			

219

【様式第4号】

資金収支計算書
自 X1年4月1日
至 X2年3月31日

(単位：百万円)

科目	金額
【業務活動収支】	
業務支出	
業務費用支出	
人件費支出	⑧ 70
物件費等支出	⑥-2 11
支払利息支出	③-3 4
その他の支出	
移転費用支出	
補助金等支出	
社会保障給付支出	
他会計への繰出支出	
その他の支出	
業務収入	
税収等収入	⑤-2 460
国県等補助金収入	②-2 112
使用料及び手数料収入	例) ① 50
その他の収入	
臨時支出	
災害復旧事業費支出	
その他の支出	
臨時収入	
業務活動収支	
【投資活動収支】	
投資活動支出	
公共施設等整備費支出	②-4 250
基金積立金支出	⑪ 33
投資及び出資金支出	
貸付金支出	⑩ 18
その他の支出	
投資活動収入	
国県等補助金収入	
基金取崩収入	③-2 7
貸付金元金回収収入	
資産売却収入	④-1 115
その他の収入	
投資活動収支	
【財務活動収支】	
財務活動支出	
地方債償還支出	③-1 40
その他の支出	
財務活動収入	
地方債発行収入	②-3 100
その他の収入	
財務活動収支	
本年度資金収支額	
前年度末資金残高	
本年度末資金残高	

前年度末歳計外現金残高	
本年度歳計外現金増減額	
本年度末歳計外現金残高	
本年度末現金預金残高	

第6章　財務書類等の活用想定事例集

【活用ケース20】財務書類作成・活用の基礎演習

次の文章の空欄に適切な語句等を入れなさい（以下；空欄問題は同じ）。
各演習問題ごとには解説（解答とうのものではない）付してあります。

> 1．地方公共団体が，統一的な基準による「新地方公会計」を整備する根拠は，（通知）　①　及び（法律名）　②　である。また，整備時期は，　③　までに行うこととなっている。ただし，その例外は，　④　である。

①平成27年1月23日総務大臣通知
②「簡素で効率的な政府を実現するための行政改革の推進に関する法律」（平成18年法律第47号）第62条第2項
③原則として平成27年度から平成29年度までの3年間で全ての地方公共団体において統一的な基準による財務書類等を作成することとしています。
④例外は，大規模な災害等が発生した場合など，財務書類等の作成が困難な場合を想定しています。また，地方公営企業法の財務規定等が非適用の地方公営事業会計のうち，適用に向けた作業に着手しているもの（平成29年度までに着手かつ集中取組期間内に法適用するものに限る）については，集中取組期間を移行期間とすることとします（詳細はQ&A1-4）。

> 2．地方公共団体の財務書類の体系には，　①　（財務書類の名称）と，　②　（財務書類の名称）の二つがある。
> その体系の違いは，　③　（理由）により認められることとなった。また，記載される金額に違いは，④（ある・ない）。

①4表方式【貸借対照表，行政コスト計算書，純資産変動計算書，資金収支計算書及びこれらの財務書類に関連する事項についての附属明細書】（財務書類作成要領（以下；要領）10）

221

②行政コスト計算書及び純資産変動計算書の二つを結合した3表様式【貸借対照表，行政コスト計算書及び純資産変動計算書，資金収支計算書及びこれらの財務書類に関連する事項についての附属明細書】(以下；要領10)
③行政コスト計算書及び純資産変動計算書については，先行自治体における財務書類の活用例を踏まえて，行政コスト及び純資産変動計算書を結合した計算書としても差し支えないものとされた。
④（金額的な違いは）ない。

> 3．貸借対照表の作成目的は，　①　　であり，資産及び負債の科目の配列方式は，　②　　となっている。
>   また，資産項目と負債項目の流動・固定分類は，原則として　③　　（基準）となっている。

①基準日時点における地方公共団体の財政状態（資産・負債・純資産の残高及び内訳）を明らかにすること（要領78）
②固定制配列法（要領83）
③1年基準（要領83）　例外は，企業会計の正常営業循環基準の考え方に準じて，例えば棚卸資産（販売用土地等）については，1年基準の例外として流動資産としています（要領83）。

> 4．非資金取引の事例を二つ挙げ，設定した（仮想）の仕訳を行いなさい。各勘定科目が各財務書類のどこに掲記されるのかも示しなさい。

①有形固定資産の減価償却
　【仕訳・掲記】
　　（借方）PL 減価償却費　　（貸方）BS（当該資産の）減価償却累計額
②徴収不能引当金の計上・取崩し
　【仕訳・掲記】（要領別表7-4）

第6章　財務書類等の活用想定事例集

・徴収不能引当金の計上
（借方）PL 徴収不能引当金繰入額　　（貸方）BS 徴収不能引当金
・徴収不能引当金の取崩し
（借方）BS 徴収不能引当金　　　　　（貸方）PL その他（経常収益）

> 5．固定資産台帳とは［　①　］（定義）である。また，その整備は，［　②　］（目的・意義）のために行われ，例えば，［　③　］といった活用方法（事例）がある。

①固定資産台帳は，所有する全ての固定資産について，取得価額や耐用年数等のデータを網羅的に記載したものです。

②固定資産台帳は，地方公会計の基礎資料となるだけでなく，その整備により公共施設等の維持管理・修繕・更新等に係る中長期的な経費の見込みを算出することや，公共施設等総合管理計画を充実・精緻化することに活用することも可能となります。

③固定資産台帳を公開することで，民間企業から PPP／PFI に関する積極的な提案がなされることも期待されます。

（資産評価及び固定資産台帳整備の手引き（以下；「台帳手引き」）2～6 など）

> 6．有形固定資産は，［　①　］，［　②　］，［　③　］に分類して表示される。また，有形固定資産の資産評価は原則として［　④　］，となっており，その例外は［　⑤　］となっている。

①事業用資産，②インフラ資産，③物品に分類して表示（要領92）

④事業用資産とインフラ資産の開始時簿価については，取得原価が判明しているものは，原則として取得原価とし，取得原価が不明なものは，原則として再調達原価とします（償却資産は，当該価額から減価償却累計額を控除した価額を計上）。（「台帳手引き」63）

223

⑤原則は④のとおりですが，実施可能性や比較可能性を確保する観点から，昭和59年度以前に取得した事業用資産とインフラ資産は，上記②にかかわらず，原則として取得原価不明なものとして取り扱うこととしています。(Q&A3(1)-1)

7．純資産とは ① (定義)であり，また，純資産は ②（名称・内容） と ③（名称・内容） の二つに分類表示される。

①純資産は，純資産の定義に該当するものについて，純資産の源泉（ないし運用先）との対応によって，その内部構成を「固定資産等形成分」及び「余剰分（不足分）」に区分して表示します。(要領140，141)
②固定資産等形成分　固定資産等形成分は，資産形成のために充当した資源の蓄積をいい，原則として金銭以外の形態（固定資産等）で保有されます。換言すれば，地方公共団体が調達した資源を充当して資産形成を行った場合，その資産の残高（減価償却累計額の控除後）を意味します。(要領142)
③余剰分（不足分）は，地方公共団体の費消可能な資源の蓄積をいい，原則として金銭の形態で保有されます。(要領143)。

8．純資産変動計算書の意義は ① であり，また，財源は ②（名称・内容2つ） に分類表示される。

①純資産変動計算書は，会計期間中の地方公共団体の純資産の変動，すなわち政策形成上の意思決定またはその他の事象による純資産及びその内部構成の変動（その他の純資産減少原因・財源及びその他の純資産増加原因の取引高）を明らかにすることを目的として作成します（要領192）。
②財源は，「税収等（地方税，地方交付税及び地方譲与税等）」及び「国県等補助金（国庫支出金及び都道府県支出金等）」に分類して表示（要領203，要領204）

第6章　財務書類等の活用想定事例集

> 9．連結財務書類の対象となる会計は①どの範囲か，また，②法非適用の地方公営事業会計で固定資産台帳を作成していない場合はどうするのか。

①都道府県・市区町村，一部事務組合・広域連合，地方独立行政法人，地方三公社，第三セクター等（全部連結または比例連結）。（連結財務書類作成の手引き5～6）

②法非適用の地方公営事業会計や官庁会計により会計処理を行っている一部事務組合等は，一般会計等と同様の会計処理である中で，発生主義に基づく会計基準により財務書類を作成していないため，統一的な基準による財務書類等を作成する必要があります。従って，固定資産台帳の整備が求められることとなります。（Q&A4-2）

> 10．徴収不能引当金とは ① （定義・意義）であり，②財務書類では ② （掲載される財務書類の具体的名称と表示方法）と表示される。③財務書類を利用し行政上債権管理を行う活用事例を想定せよ。

①徴収不能引当金は，債権全体または同種・同類の債権ごとの徴収不能見込額であり，具体的には過去の徴収不能実績率（債権残高に対する不納欠損額の割合など合理的な基準により算定した比率）を乗じて求めます。（要領102）
②要領　様式第1号【資産の部】参照
③本書　「財務書類等の活用想定事例集」章の事例4（未収金関係）等を参照。

> 11．仕訳については，本作成要領では二通りの方法（A日々仕訳，B期末一括）が示されている。①その方法をそれぞれ示すとともに，②それぞれの長所・短所を説明し，③日々仕訳の場合，行政管理上有効に活用している事例を自治体の具体例を示せ。

225

①「日々仕訳」とは，一般会計等の歳入歳出データから複式仕訳を作成する方法としては，原則として，取引の都度，伝票単位ごとに仕訳を行う方法です。「期末一括仕訳」とは，日々の取引の蓄積を，期末に一括して仕訳を行う（基本的に，伝票単位ごとに仕訳を行います）方法です。

②両者ともに原理は同一で，仕訳の検証精度が高くなり内部統制に寄与すること，より早期に財務書類の作成・開示が可能となること等から，「研究会報告書」297段落では日々仕訳が望ましいとされていますが，日常的に仕訳を作成するためには，都度の仕訳処理に係る全庁職員への事務負担や，現金支出等とあわせた仕訳処理を可能とするためのシステム等に係る経費負担等を考慮する必要があります。

このため，統一的な基準では，「研究会報告書」293段落の①（帳簿体系を維持し，貸借対照表と固定資産台帳を相互に照合することで検証が可能となり，より正確な財務書類の作成に寄与すること）が満たされ，②（事業別・施設別等のより細かい単位でフルコスト情報での分析が可能となること）にも資するものであれば，期末一括仕訳によることも差し支えないとしています。（要領54，Q&A2-19）

索　引

IR ……………………………… 180, 181
PFI ……………………………… 85, 86, 182
PPP ……………………………… 85, 86, 182

【ア行】

一時借入金 ……………………………… 80
一部事務組合・広域連合 …… 135, 136, 137
一般会計等財務書類
　……………………… 17, 21, 23, 29, 134, 135
移転費用（支出） ……………… 56, 57, 58, 73
インフラ資産 …………… 27, 34, 40, 102, 223

【カ行】

開始貸借対照表 …………………… 19, 23
基準モデル ………………… 1, 4, 11, 33, 34
基礎的財政収支 …………………… 74, 80
期末一括仕訳 …………………… 23, 24, 225
キャッシュ・フロー計算書 …………… 69
行政コスト計算書 …… 52, 55, 73, 157, 184
行政目的別の情報 …………………… 53, 54
業務活動収支 …………………… 68, 73
業務支出 ………………………………… 73
業務収入 ………………………………… 73
業務費用 …………………………… 56, 57
業務費用支出 ……………………………… 73
偶発債務 …………………………… 78, 136
国県等補助金 ……………………… 61, 64
国県等補助金収入 ……………… 73, 74, 75

繰延資産 ………………………………… 36
経常収益 …………………………… 53, 58
経常費用 …………………………… 53, 56
決算統計 …………………… 7, 34, 108, 163
減価償却費 ………………… 56, 58, 62, 66
現金主義（会計） ………………… 71, 155
現金同等物 ………………………… 44, 69
建設仮勘定 ………………………… 94, 149
健全化判断比率 ……………………………… 79
減損処理（会計） ………………… 105, 106
減損損失累計額 …………………………… 149
公営企業（会計）（法） ………… 9, 17, 18
公共施設等総合管理計画 …… 84, 162, 165
公共施設等のマネジメント …… 80, 162
合計残高試算表 …………………………… 53
公有財産台帳 ……………………… 83, 85
国際公会計基準（IPSAS） …… 40, 46, 59
固定資産税評価額 ………… 112, 113, 119
固定資産台帳 ………………… 83, 85, 87, 91
固定資産台帳の記載項目 ………… 87, 88
固定資産等形成分 ………… 51, 62, 64, 67
固定資産等の変動 ………………… 61, 64, 66

【サ行】

歳計外現金 ……………………… 45, 69, 70
歳計現金 ………………………………… 70
財源 ………………………………… 61, 64
財源情報の明細 …………………… 61, 65

227

財源の明細 …………………… 61, 65	所有外資産 ……………………… 53
財政指標 ……………………… 162, 165	賞与等引当金（繰入額）…. 51, 56, 57, 143
再調達価額 …………………… 119, 121	（将来）世代（間）負担比率 ………… 167
歳入額対資産比率 ………………… 165	出納整理期間 …………… 19, 79, 151, 153
サービス提供能力 ………………… 33	ストック情報 ………………… 4, 6, 16
財務活動収支 …………………… 68, 76	性質別コスト表示 ………………… 54
財務書類3表 …………………… 19, 21	税収等 ………………… 26, 59, 61, 64
財務書類4表 …………………… 19, 20	税収等収入 ……………………… 73
全体財務書類 …………………… 133, 134	セグメント情報（分析）……… 54, 171, 190
資金収支計算書 ………… 68, 71, 157, 187	世代間公平性 ………………… 167, 191
資金仕訳（取引）………………… 23, 26	説明責任の履行 ……………………… 6
資産形成度 ……………………… 167	全体財務書類 …………………… 135
資産・債務管理（改革）…………… 5, 6	全部連結 …………………… 134, 139
資産除売却損 ……………………… 59	相殺消去（集計表）…………… 29, 154
資産売却益 ……………………… 60	総務省方式改訂モデル …… 1, 4, 12, 33, 34
資産評価差額 …………………… 61, 68	ソフトウエア ……………… 9, 42, 110
資産老朽化比率 ………… 162, 167, 191	損益外の取引 ……………………… 62
（将来の）施設更新必要額 ……… 13, 168	損失補償等引当金（繰入額）……… 49, 60
実施可能性 ……………………… 4, 7, 9	
支配力基準 ……………………… 138	**【タ行】**
支払利息 ……………………… 57, 58	
支払利息支出 …………………… 73, 74	貸借対照表 …… 1, 7, 19, 31, 35, 157, 183
資本的支出 ……………………… 93, 94	退職手当引当金（繰入額）
収益 …………………… 52, 54, 59	……………… 48, 56, 57, 142, 143, 153
重要な会計方針 …………………… 77	耐用年数 ……………… 83, 87, 102
重要な後発事象 …………………… 77	他団体等出資等分 ………………… 153
出資金の評価基準 ………………… 44	棚卸資産 ……………… 46, 126, 127
純行政コスト …………………… 53, 61, 64	単式簿記 ……………… 155, 156, 158
純資産 ……………………… 33, 52, 191	地方債 ……………………… 47, 65, 76
純資産変動計算書	徴収不能引当金（繰入額）
……………… 54, 59, 61, 63, 75, 157, 184	……… 46, 57, 58, 127, 128, 142, 143, 225
償却資産と非償却資産 ……………… 39	直接法 ……………………… 70
	追加情報 ……………………… 78

索　引

投資活動収支 ……………………… 68, 74
投資損失引当金（繰入額）……… 43, 60

【ナ行】

のれんまたは負ののれん（連結調整勘
　　定）……………………………… 148

【ハ行】

売却可能資産 ………… 39, 79, 108, 109
配列法 ………………………………… 34
発生主義 ……………… 32, 53, 71, 155
パブリックアカウンタビリティ …… 5, 9
非資金仕訳（取引）……………… 23, 27
日々仕訳 …………………… 23, 24, 225
備忘価額 ……………………… 103, 107
費用 …………………………… 52, 54, 57
比例連結（割合）………… 134, 137, 139
複式簿記 ……………… 155, 156, 158
物品（の計上基準）……………… 40, 107
フロー情報 …………………… 4, 16, 62

【マ行】

未収金（未収債権）………… 45, 169, 170
無形固定資産 ……………………… 42, 109

無償所管換等 ……………………… 61, 68

【ヤ行】

有価証券（の評価基準）………… 44, 123
有形固定資産（評価基準）……… 39, 106
余剰分（不足分）…………… 51, 63, 67

【ラ行】

リース資産 …………………………… 94
流動・固定分類 ……………………… 33
臨時財政対策債 …………………… 192
臨時支出 ……………………………… 73
臨時収入 ……………………………… 73
臨時損失 ………………………… 53, 59
臨時利益 ………………………… 53, 60
連結行政コスト計算書 …… 140, 144, 146
連結決算日 ………………………… 140
連結財務書類 ……………………… 133
連結資金収支計算書 ………… 140, 147
連結修正 ……………………… 152, 153
連結純資産変動計算書 ……… 140, 145
連結貸借対照表 ……………… 140, 142
連結対象団体（会計）………… 134, 153
連結附属明細書 ……………… 140, 148

229

【編・著者紹介】

鈴木　豊（すずき　ゆたか）
(第1章，監修)
　学校法人青山学院常任監事，青山学院大学名誉教授，東京有明医療大学客員教授，公認会計士・税理士，一般社団法人青山公会計公監査研究機構理事長　総務省「今後の新地方公会計の推進に関する研究会」座長，同「地方公営企業法の適用に関する研究会」座長，地方公共団体金融機構「経営審議委員会」委員長代理
　博士（経営学）（明治大学）
　【主要業績等】
　『政府・自治体・パブリックセクターの公監査基準』（著書，中央経済社），『公会計講義』（編著，税務経理協会），『地方自治体の財政健全化指標の算定と活用』（著書，（公財）大蔵財務協会），『自治体の会計・監査・連結経営ハンドブック』（著書，中央経済社），『公会計・公監査の基礎と実務』（編著，法令出版），『自治体経営監査マニュアル』（編著，ぎょうせい），『新地方公会計財務書類作成統一基準』（著書，ぎょうせい）等

山口　幸三（やまぐち　こうぞう）
(第4章，第6章活用ケース17，18)
　明星大学教授
　【主要業績等】『英文会計テキスト』（共著，中央経済社），「国際会計基準における減損会計の問題点」（論文），「時価評価論争における混迷」（論文），「コンピュータ会計論の課題」（論文）等

石井　和敏（いしい　かずとし）
(第2章4，第6章活用ケース13)
　一般社団法人青山公会計公監査研究機構　主任研究員
　青山学院大学大学院　会計プロフェッション研究科博士後期課程標準年限修了

【主要業績等】

『公会計講義』（共著，税務経理協会），『業績（行政成果）公監査論』（共著，税務経理協会），『公会計・公監査の基礎と実務』（共著，法令出版），『自治体経営監査マニュアル』（共著，ぎょうせい），『新地方公会計財務書類作成統一基準』（共著，ぎょうせい）等

平　光正（たいら　みつまさ）
（第2章5～8，第6章活用ケース15，16）

一般社団法人青山公会計公監査研究機構　主任研究員
青山学院大学大学院　会計プロフェッション研究科専門職学位課程修了
元　日本政策投資銀行設備投資研究所　主任研究員
元　静岡産業大学経営学部教授
地方自治体における総合計画，産業振興，公営企業，外郭団体，PFI等に関する審議会・委員会委員を多数歴任

【主要業績等】

『公会計・公監査の基礎と実務』（共著，法令出版），『自治体経営監査マニュアル』（共著，ぎょうせい），『新地方公会計財務書類作成統一基準』（共著，ぎょうせい）等

林　賢是（はやし　けんし）
（第1章，第2章1～3，第3章，第5章，第6章上記以外）

一般社団法人青山公会計公監査研究機構　主任研究員
青山学院大学大学院　会計プロフェッション研究科博士後期課程修了
博士（プロフェッショナル会計学）

【主要業績等】

『公会計講義』（共著，税務経理協会），『業績（行政成果）公監査論』（共著，税務経理協会），『公会計・公監査の基礎と実務』（共著，法令出版），『自治体経営監査マニュアル』（共著，ぎょうせい），『新地方公会計財務書類作成統一基準』（共著，ぎょうせい）等

編著者との契約により検印省略

平成28年3月30日　初版第1刷発行

新 統一地方公会計基準

編著者	鈴　木　　　豊
発行者	大　坪　嘉　春
整版所	美研プリンティング株式会社
印刷所	税経印刷株式会社
製本所	牧製本印刷株式会社

発行所　〒161-0033　東京都新宿区下落合2丁目5番13号　株式会社 税務経理協会

振替 00190-2-187408
FAX (03) 3565-3391
URL http://www.zeikei.co.jp/

電話 (03) 3953-3301 (編集部)
　　 (03) 3953-3325 (営業部)

乱丁・落丁の場合は，お取替えいたします。

© 鈴木 豊 2016　　　　　　　　　　　　　Printed in Japan

本書の無断複写は著作権法上での例外を除き禁じられています。複写される場合は，そのつど事前に，(社)出版者著作権管理機構 (電話03-3513-6969，FAX03-3513-6979，e-mail：info@jcopy.or.jp) の許諾を得てください。

JCOPY ＜(社)出版者著作権管理機構 委託出版物＞

ISBN978-4-419-06313-9 C3034